CONTRIBUTION A L'ÉTUDE

DU

MAL PERFORANT

ÉTIOLOGIE MULTIPLE

PAR

Le Dr J. FAURE

Ancien externe de la clinique d'accouchements et de l'Hôpital des Enfants,
Ancien interne des Asiles.

BORDEAUX
IMPRIMERIE H. MAURAN, 15, RUE FERBOS
(Bureau : rue Saint-James, 28)
1886

CONTRIBUTION A L'ÉTUDE

DU

MAL PERFORANT

ÉTIOLOGIE MULTIPLE

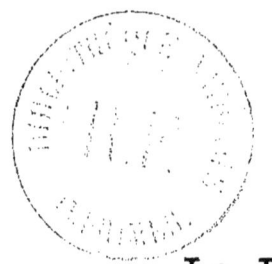

PAR

Le Dr J. FAURE

Ancien externe de la clinique d'accouchements et de l'Hôpital des Enfants,
Ancien interne des Asiles.

BORDEAUX
IMPRIMERIE H. MAURAN, 15, RUE FERBOS
(Bureau : rue Saint-James, 28)
1886

A LA MÉMOIRE DE MA SŒUR

———

A MON PÈRE — A MA MÈRE

———

A MES FRÈRES ET A MA BELLE-SŒUR

———

A MES PARENTS — A MES AMIS

CONTRIBUTION A L'ÉTUDE

DU

MAL PERFORANT

(ÉTIOLOGIE MULTIPLE)

INTRODUCTION

Le 11 janvier 1852, la *Gazette des Hôpitaux* (1) publiait une clinique de Nélaton, sous ce titre : Affection singulière des os du pied. Quelques jours après, Vésigné (2), provoqué, dit-il, par l'exemple de M. Nélaton, faisait, à l'Hôtel-Dieu d'Abbeville, une leçon sur plusieurs cas qui offraient, d'après lui, des analogies avec le cas cité. La *Gazette des Hôpitaux* reproduisit les observations de Vésigné sous la rubrique : Sur une affection singulière des os du pied. Toutefois, Vésigné assignait déjà à cette affection singulière le nom de mal plantaire perforant, « parce que, disait-il dans ses conclusions, ce qui importe par-dessus toutes choses, c'est de savoir que le mal plantaire perforant peut, dans certaines conditions, s'étendre en profondeur et déterminer de graves accidents. »

Depuis lors, de nombreux travaux ont été faits sur la question, tant au point de vue de la description du mal qu'au point

---

(1) Nélaton, *Gaz. Hôpit.*, 1852, 11 janvier.
(2) Vésigné, *Gaz. Hôpit.*, 5 février 1852.

de vue de son étiologie. Les appellations se sont multipliées avec les théories, mais ces appellations diverses ont croulé avec les théories qui leur avaient donné naissance. Aujourd'hui, tout le monde admet le nom de mal perforant avec le qualificatif, qui lui paraît inhérent, de singulière affection.

Si tout le monde est d'accord sur la dénomination du mal perforant, sur sa description et sur sa marche, il n'en est pas de même quand il s'agit de son étiologie. Trois théories subsistent, et chacune d'elles invoque à son appui des travaux sérieux et l'autorité d'hommes éminents. Comment, dans ces conditions, se faire une idée exacte du mal perforant? Comment ne pas rester perplexe devant les séductions de trois théories qui offrent toutes des raisons aussi judicieuses que probantes? D'où vient que chacune de ces théories réclame la vérité à l'exclusion des deux autres?

Le Mémoire de MM. Boursier et Lagrange (1) sur l'étiologie multiple du mal perforant, Mémoire présenté au Congrès de chirurgie de 1885, nous paraît répondre à ces préoccupations scientifiques et résoudre définitivement la question.

C'est ce Mémoire qui servira de thème à notre Thèse. Notre but est de le mettre pleinement en lumière, de le développer et d'appuyer les arguments qu'il renferme. Nous emprunterons aux principaux partisans des trois théories en honneur des armes qu'il nous sera facile de retourner contre ces théories mêmes.

Nous avons dit que trois théories se disputaient encore l'étiologie du mal perforant. Ce sont : la théorie mécanique, la théorie nerveuse et la théorie mixte.

Qu'il nous soit permis, afin de frapper plus nettement l'es-

(1) Boursier et Lagrange, *Gaz. hebd. des sc. méd.*, septembre 1885.

prit, de présenter chacune d'elles sous sa formule la plus simple :

ÉTIOLOGIE DU MAL PERFORANT (1)

1re *théorie*. — Compression.

2e *théorie*. — Lésion nerveuse.

3e *théorie*. $\begin{cases} \text{Compression multipliée par lésion nerveuse} \\ \text{ou} \\ \text{Lésion nerveuse multipliée par compression.} \end{cases}$

Nous diviserons cette étude en trois parties :

1° Exposé des trois théories sus-indiquées ;

2° Réfutation de l'exclusivisme de chacune d'elles prise séparément ;

3° Acceptation de ces trois théories en tant que n'étant pas exclusives, c'est-à-dire en tant que répondant chacune à des cas différents. Nous devons dire de suite que c'est la théorie mixte qui renfermera le plus grand nombre de cas.

Enfin, pour que notre étiologie soit complète, nous devrons tenir compte, comme causes prédisposantes, de certains états généraux ou diathésiques.

Avant d'entreprendre ce modeste travail, nous nous faisons un devoir et un vrai plaisir de remercier ici publiquement MM. les professeurs agrégés Boursier et Lagrange de la bienveillance avec laquelle ils nous ont permis d'utiliser leur excellent Mémoire.

---

(1) En représentant la compression par A et la lésion nerveuse par B, nous aurions sous forme algébrique :

Théorie mécanique $= A$.

Théorie nerveuse $= B$.

Théorie mixte $= A \times B$ ou $B \times A$.

CHAPITRE PREMIER

Exposé des théories.

A. Théorie mécanique

C'est Leplat (1) qui, en 1855, dans une Thèse justement appréciée, édifia presque de toutes pièces la théorie mécanique.

Pour lui, le mal perforant est une maladie toute locale, et les causes qui la produisent sont toujours mécaniques. La seule, la véritable cause, dit-il, est une compression longue et continue du derme entre deux corps résistants. Il établit, pour ainsi parler, deux étapes dans la compression. En premier lieu, le derme est comprimé entre la chaussure et les os; puis, le durillon une fois formé, la compression se fait entre les os et le durillon. Nous en arrivons à la seconde phase : le derme sous-jacent est écrasé par le durillon et subit une modification spéciale, sorte de destruction moléculaire, dit Leplat, comparable à celle qu'on observe dans un grand nombre d'ulcérations, comme à la suite d'une contusion ou dans la formation d'un ulcère variqueux, etc.

C'est l'élimination des cellules épithéliales et des éléments du derme désorganisé qui produit la sécrétion incessante du pus. Quant à la tendance de l'ulcère à s'étendre en profondeur et

---

(1) Leplat, Th. Paris, 1855.

non en largeur, elle est expliquée par la constitution elle-même des tissus de la plante du pied, qui sont très denses et intimement liés les uns aux autres, et par ce fait que le derme des parties circonvoisines de l'ulcère n'a pas subi la modification sus-indiquée.

Voici la théorie mécanique telle que l'a faite Leplat.

Lucain (1), en 1868, divise les maux perforants en trois catégories. La première catégorie comprend les « maux perforants qui, par leur nature, se rattachent aux ulcères proprement dits. » Nous ne retiendrons pour le moment que cette partie de sa Thèse, qui fait faire un pas de plus à la théorie mécanique. Cet auteur, en effet, insiste d'une façon toute particulière sur les marches forcées nécessitées par la profession de cette catégorie de malades et sur la station verticale prolongée, nouvelle source de compression des tissus. De là, dit-il, la persistance de l'ulcère.

Soulages (2), 1874, prenant à part l'ulcération, le durillon ayant déjà disparu, retrouve dans l'ulcération même une cause de plus de compression. C'est l'existence d'une grande quantité de tissu fibreux, qui s'est formé entre l'os et la peau, et est ainsi venu compliquer les causes de compression.

Nous en arrivons au travail de Butruille (3), 1878, qui va compléter la théorie. Celui-ci, arguant de la situation qu'occupe le pied dans l'organisme, comme base de sustentation, et du rôle fonctionnel de la face plantaire, nous montre mécaniquement quel devra être, dans les différents cas, le siège du mal perforant.

---

(1) Lucain, Th. Montpellier, 1868.
(2) Soulages, Th. Paris, 1874.
(3) Butruille, Th. Paris, 1878.

La face plantaire, dit Tillaux (1), est excavée et ne repose pas sur le sol, à l'état normal, par tous les points. Trois points peuvent être considérés comme les pilliers de la voûte que représentent les os du pied, et supportent principalement le poids du corps dans la station verticale; ce sont : le talon et la tête des premier et cinquième métatarsiens.

D'après cette description anatomique, les explications fournies par Butruille vont nous apparaître comme une conséquence forcée.

Laissons-lui la parole : « Dans les cas de conformation normale du pied, les durillons se trouvent aux trois points de sustentation qui posent sur le sol dans la station verticale. Si le pied est déformé, ces trois pilliers peuvent ne plus être constitués par les trois points normaux. » Et il ajoute très judicieusement : « Les malformations du pied peuvent être congénitales; elles peuvent être acquises soit à la suite d'opérations chirurgicales, soit par des causes pathologiques telles que le rhumatisme, qui déforme les orteils; elles peuvent être fonctionnelles, comme dans l'ataxie locomotrice, qui force les malades à marcher sur le talon. »

Quant à ce qui est des causes de compression, il admet celles fournies par ses devanciers dans la théorie mécanique. Il insiste sur le tassement, l'atrophie de tous les éléments du derme, et en particulier des glandes sudoripares. Mais il va plus loin; reprenant les investigations de Soulages, il fait jouer un rôle des plus importants au tissu fibreux qui s'est formé entre l'os et le durillon. Et c'est là que la théorie se complète. Les vaisseaux eux-mêmes, dit-il, n'échappent pas à cette compression. Ils peuvent subir une obturation, puis la dégénéres-

---

(1) Tillaux, *Anatomie topographique*, p. 1054.

cence fibreuse. Pour ce qui est des nerfs, il est tout aussi explicite. A lui seul l'honneur de son explication : « Le tissu conjonctif y prend (dans les nerfs) un accroissement considérable, étouffant pour ainsi dire les tubes nerveux : le nombre de ceux-ci diminue; ils sont remplacés par du tissu fibreux. Cette lésion est ascendante, et on peut la retrouver plus ou moins haut. »

Monod (1), en 1884, ne reconnaît au mal perforant qu'une cause vraie : la compression. Celle-ci opère une transformation fibreuse, une sclérose de tous les tissus compris entre l'épiderme et l'os. Dans les nerfs, cette sclérose se manifeste par un épaississement du névrilème et une atrophie des tubes nerveux.

Enfin, en 1885, Nicaise (2), qui a été l'instigateur de la Thèse de Soulages et de celle de Butruille, affirme une fois de plus l'origine mécanique du mal perforant. « Pour que le mal perforant se produise, dit-il, il est nécessaire qu'il y ait un durillon et une compression; je dirai plus, le durillon seul peut suffire pour produire le mal perforant ».

En somme, la théorie mécanique peut se résumer ainsi :

Le mal perforant plantaire est un ulcère de la plante du pied. C'est une affection locale toujours due à la compression. Cette compression s'exerce entre l'épiderme d'une part, et le squelette du pied d'autre part. Les agents de compression sont : du côté de l'épiderme, le sol, la chaussure, le durillon, les transformations fibreuses de l'ulcère; du côté du squelette, la station verticale prolongée, qui est représentée par la marche, d'où le poids du corps, auquel s'ajoute le transport des fardeaux, etc.

Le siège du mal perforant est aux différents points de susten-

---

(1) Monod, *Progrès médical*, janvier 1884.
(2) Nicaise, *Semaine médicale*, avril 1885.

tation de la face plantaire : ces points sont variables d'après la conformation normale ou pathologique du pied.

La compression, et, par suite, la dégénérescence, porte plus ou moins sur tous les éléments de la plante du pied : épiderme, derme et ses annexes, tissu cellulaire, vaisseaux, nerfs, périoste.

B. Théorie nerveuse

Les troubles de la sensibilité chez les sujets atteints de maux perforants devaient fatalement conduire à la théorie nerveuse.

Déjà, en 1855, Leplat (1) constate une insensibilité relative des individus chez lesquels il a observé des maux perforants. Il résume la question à ce moment : « Le malade de M. Nélaton, dit-il, avait supporté toutes ses opérations sans chloroforme ; mon second malade était d'un stoïcisme remarquable lorsque M. Richet lui tailladait le pied ; le sujet de M. Vésigné était rude au travail, insensible à la douleur. M. Demarquay m'a rapporté deux exemples d'individus dont la sensibilité des pieds était singulièrement obtuse. » Leplat note le fait comme circonstance particulière, mais il n'essaie point d'en rechercher la cause.

En 1864, Poncet (2) étudie la lèpre anesthésique et les lésions nerveuses qui s'y rattachent ; or, comme il y a souvent dans la lèpre des ulcérations qui débutent par des épaississements épidermiques, Poncet fait des deux affections une maladie similaire. Il ne songe pas, sans doute, que l'hérédité, la fièvre

---

(1) Leplat, *loc. cit.*
(2) Poncet, *Recueil de Mém. de méd., de chirurg. et de pharmac. mil.*, 1864.

lépreuse, le siège multiple des ulcérations suffiraient à eux seuls pour établir le diagnostic différentiel. (Pitoy) (1).

Quoi qu'il en soit, le travail de Poncet attire les regards des observateurs du côté de l'origine nerveuse.

Lucain (2), 1868, consacre toute une partie de sa Thèse aux « maux perforants se rattachant par leur nature à une lésion du système nerveux. » Ces maux perforants reconnaissent pour cause une altération des systèmes nerveux et musculaire, altération congénitale ou acquise. Ces altérations provoquent des déformations plantaires avec saillies anormales. Un durillon se forme à ce niveau et finit par devenir un mal perforant. Lucain fait aussi jouer au système nerveux un rôle dans la modification des vaisseaux qui sont dans la région de l'ulcère : par suite des troubles d'innervation survenus dans les parois artérielles, on observe l'artério-sclérose athéromateuse.

Estlander (3), en 1871, reproduit les idées de Poncet.

Poncet (4) lui-même, en 1872, reprend sa théorie et dit qu'il existe dans l'organe qui va être le siège du mal perforant une sclérose primitive, une dégénérescence fibreuse; cette sclérose retentit sur les vaisseaux et les nerfs. De même, dans la lèpre, et par le même processus, nous rencontrons une névrite interstitielle des plus caractérisées.

Duplay et Morat (5), en 1873, publient sous forme de monographie un Mémoire très apprécié qui semble fixer pour un certain temps la question en établissant l'origine nerveuse du

---

(1) Pitoy, Th. Paris, 1877.
(2) Lucain, *loc. cit.*
(3) Estlander, *Deutsche klinic*, 1871, n° 17.
(4) Poncet. *Gazette hebd.* janvier 1872.
(5) Duplay et Morat : *Archiv. génér. de méd.*, 1873.

mal perforant. Pour eux, le mal perforant est une affection ulcéreuse du pied liée à une dégénération des nerfs de la région. Ils étayent leur théorie sur des données physiologiques et sur des observations cliniques. Tout d'abord, se basant sur les travaux de Waller, ils admettent que la dégénération des nerfs suit toujours une marche descendante. En outre, ils citent le fait de Laborde, qui, par la section du sciatique, a donné naissance à des ulcérations persistantes du membre inférieur. Ensuite, et comme appoint fourni à la physiologie, Duplay et Morat nous présentent quatre malades porteurs de maux perforants : deux ont eu une blessure du sciatique, un était porteur d'un kyste hydatique du sacrum comprimant les origines du sciatique, enfin, le quatrième était ataxique. De ces quatre faits particuliers, ils tirent la déduction suivante : « Le rapport de causalité doit être aujourd'hui étendu à tous les cas, puisque la lésion nerveuse est un fait constant ». Pour eux, cette lésion nerveuse, cette dégénération peut provenir de différentes sources : lésions de la moelle ou des ganglions spinaux, section, compression des gros troncs nerveux et, enfin, altérations des extrémités nerveuses (contusions, écrasements, gelures).

En 1875, Fischer (1) vient grossir les observations de Duplay et Morat de quatre cas analogues. Chez deux de ses malades, le mal perforant était consécutif à une blessure du sciatique ; chez un autre, il y avait eu une lésion traumatique du fémur. Le quatrième portait un cal vicieux à la suite de fracture de jambe. Dans trois cas, il y avait paralysie du membre affecté ; dans tous, on remarquait différents troubles trophiques.

---

(1) Fischer, *Arch. f. klin. chir.*, 1875, t. XVIII ; *Anal. in Rev. des Sc. méd.*, VI.

La théorie reste stationnaire, et Pitoy (1), en 1877, vient lui apporter son contingent : deux cas de maux perforants, l'un coïncidant avec l'ataxie, l'autre avec l'atrophie musculaire progressive.

Mathieu (2), en 1878, s'appuyant sur les cas antérieurs et sur dix observations personnelles, dit que parfois la lésion initiale siège dans les cornes antérieures de la moelle, parfois sur le trajet des nerfs ou de leurs ramifications.

Arnozan (3), en 1880, dans sa Thèse d'agrégation, définit ainsi les troubles trophiques : « Aux troubles de sensibilité et de mouvement qui caractérisent en général les maladies du système nerveux, s'associent, dans un grand nombre de cas, des troubles de nutrition. Quel que soit leur siège, ils se rattachent par leur évolution à la maladie du système nerveux, dont ils sont cliniquement une dépendance et un signe. Ce sont ces troubles que l'on désigne sous le nom de trophiques. » Poursuivant son étude sur les troubles trophiques, il en arrive à se demander si le mal perforant n'est pas une lésion de cette nature. Se basant alors sur l'anesthésie des régions où siège l'ulcère, anesthésie correspondant parfois à toute la région plantaire, anesthésie profonde qui permet aux malades de supporter sans souffrance les amputations; d'autre part, tenant compte des phénomènes nerveux centraux concomitants, fréquemment observés chez ces malades, il conclut qu'il peut bien y avoir des influences adjuvantes dans la formation et la persistance de ces ulcères, mais que « le mal

---

(1) Pitoy, Th. Paris, 1877.

(2) Mathieu, Th. Montpellier, 1878.

(3) Arnozan : *Des lésions trophiques consécutives aux maladies du système nerveux*. Th. d'agrégation, 1880.

perforant n'en reste pas moins une lésion directement en rapport avec diverses maladies du système nerveux, une véritable lésion trophique ».

Bernhardt (1), en 1881, admet la possibilité d'une relation de cause à effet entre le tabes et le mal perforant. Toutefois, il fait des réserves.

Fayard (2), en 1882, dit que le mal perforant est le fait d'une irritation à distance des nerfs de sensibilité par la sclérose spinale. L'anesthésie concomitante, les traumatismes et les pressions peuvent jouer le rôle de causes adjuvantes; ils peuvent, dans tous les cas, influer sur la localisation de la lésion. Ces influences créent une sorte de *locus minoris resistentiæ*.

Mour (3), en 1883, fait du mal perforant comme un prodrome : « Très souvent, dit-il, il précède de plusieurs années le tabes ou la paralysie générale. »

Herbert Page (4), en 1883, poursuit l'idée de Mour et se demande si l'ataxie locomotrice ne pourrait pas être d'origine périphérique. Il se base sur ce que le mal plantaire peut apparaître quatre, cinq, six ans et même plus avant les premiers signes du tabes.

Delay (5), en 1884, admet uniquement la sclérose des racines postérieures et l'irritation consécutive comme cause de l'ulcération plantaire.

---

(1) Bernhardt, *Centralbl. f. chir.*, 1881, cité par Hinze, *St-Petersburger Medicinische Wochenschrift*, 1886, nos 26, 27 et 28.

(2) Fayard, Th. Paris, 1882.

(3) Mour, *Gaz. hebdomad.*, no 30. Virchow-Hirsch, *Jahresbericht*, 1883, cité par Hinze, 1886.

(4) Herbert Page, Brain, 1883, p. 361, cité par Fauchon-Courty, Th. Paris, 1885.

(5) Delay, Th. Paris, 1884, cité par Fauchon-Courty, *loc. cit.*

Pitres et Vaillard (1), en 1885, dans un Mémoire fort important, où l'examen histologique est très détaillé et l'argumentation très serrée, décrivent les altérations des nerfs périphériques dans deux cas de maux perforants plantaires.

De leurs deux malades, l'un meurt dans la nuit où il est entré à l'hôpital Saint-André, sans avoir pu donner de renseignements. L'autre est un cardiaque, qui meurt à la suite d'une gangrène de la jambe droite : c'est sous le gros orteil, du même côté, que siégeait un mal perforant. Tous deux ont des dystrophies unguéales des orteils du côté du mal perforant, et en particulier, de l'ongle du gros orteil, siège de l'ulcération. Le second présente, en outre, un état ichtyosique de la peau de la main droite avec dystrophies des ongles des doigts du même côté. Voilà pour la clinique.

L'examen histologique a porté, pour le premier sujet, sur le tronc du sciatique et ses branches de division. « Quel que soit le nerf examiné, il y existe des lésions graves, profondes, étendues, équivalent en général à la destruction complète..... Toutefois, dans ces différents nerfs, à côté des fibres altérées, d'autres se présentent avec tous les caractères propres aux fibres régénérées ; cette tendance réparatrice est plus accentuée à mesure qu'on s'élève vers le tronc sciatique, où elle atteint son maximum. »

Pour le second cas, les altérations névritiques se poursuivent en s'atténuant, il est vrai, depuis le plantaire interne jusque dans le tronc du sciatique. Des altérations analogues sont rencontrées dans les nerfs des membres supérieurs aussi bien du côté qui paraissait sain durant la vie que de celui où existaient des dystrophies.

(1) Pitres et Vaillard, *Archives de physiologie*, février 1885.

La constatation de ces altérations nerveuses conduit Pitres et Vaillard à admettre qu'il s'agissait là de névrites primordiales, protopathiques : l'une localisée, l'autre diffuse. « L'intervention de la névrite, de la névrite seule, disent-ils, s'impose ici nettement, et l'ulcère perforant s'affirme comme un trouble trophique consécutif, coïncidant d'ailleurs avec des altérations de même ordre (érythème cutané, dystrophie des ongles, etc.). » Et, généralisant, ils affirment que la lésion nerveuse est un fait constant dans le mal perforant. Ils en arrivent à conclure que le mal perforant a pour cause une lésion traumatique ou spontanée des nerfs périphériques, lésion pouvant remonter jusqu'aux troncs nerveux, et suffisant à expliquer la coïncidence fréquente avec le mal perforant de certains troubles sensitifs, trophiques, vaso-moteurs ou sécrétoires (anesthésie, analgésie, douleurs lancinantes, induration scléreuse de la peau, érythrodermie, pigmentation anormale, atrophie musculaire, gangrènes, sueurs locales, etc.).

Fauchon-Courty (1), également en 1885, apporte quelques observations nouvelles à l'appui de la théorie nerveuse, et tente une classification parmi les nombreuses affections du système nerveux central ou périphérique qui peuvent donner naissance au mal perforant. C'est à la névrite surtout qu'il fait la plus grosse part : névrite traumatique, névrite dans le cours de l'ataxie locomotrice, névrite chez les sujets atteints de diabète, d'atrophie musculaire progressive ou de paralysie générale, névrite chez les alcooliques. Et il conclut ainsi : « Le mal perforant est un syndrome clinique qui reconnaît pour origine, dans la plupart des cas, une altération du système nerveux périphérique. »

---

(1) Fauchon-Courty, Th. Paris, 1885.

La théorie nerveuse peut se résumer ainsi : Le mal perforant plantaire est une ulcération de la plante du pied, ulcération toujours due à une lésion du système nerveux. Ce n'est pas une entité morbide, ce n'est qu'un symptôme. Autrement dit, c'est un trouble trophique.

La lésion initiale réside soit dans les centres, soit à la naissance des gros troncs nerveux, soit sur le trajet des nerfs, soit, enfin, dans les extrémités nerveuses.

Cette lésion du système nerveux peut être traumatique (section ou compression de la moelle, d'un tronc nerveux, d'un nerf sur son trajet, écrasement des extrémités nerveuses, etc.) ou idiopathique (paralysie générale, tabes, atrophie musculaire progressive, névrites périphériques, diabète, alcoolisme, etc.). Le mal perforant, trouble trophique, coïncide fréquemment avec d'autres troubles de même nature (cors, durillons, dystrophies unguéales, etc.).

C. Théorie mixte

Nous avons développé jusqu'ici la théorie mécanique et la théorie nerveuse; l'une faisant de la compression la cause unique du mal perforant, l'autre donnant comme origine de ce mal une lésion du système nerveux. Nous allons maintenant exposer la théorie qui veut que les deux causes précédentes s'unissent pour produire le mal perforant, tantôt le premier facteur l'emportant sur le second, tantôt le second sur le premier.

Broca (1), en 1865, est le premier qui émet un doute sur

---

(1) Broca, *Gaz. Hôpit.*, 1865.

la cause unique du mal perforant. Il estime que, outre la compression, il faut qu'il y ait une prédisposition individuelle.

Lucain (1), en 1868, dans sa seconde classe de maux perforants (maux perforants se rattachant à une lésion du système nerveux), fait ressortir le concours simultané de la lésion nerveuse et de la compression dans la formation du mal perforant. Les muscles, dit-il, sont privés de mouvements; ils perdent leur contractilité et s'atrophient en raison directe de la compression. Et plus loin : « Les troubles de la vitalité des membres inférieurs, et du pied principalement, sont encore augmentés par la marche et la station verticale ». En outre, il remarque que c'est au niveau des saillies anormales provoquées par la lésion nerveuse que s'établit l'ulcération.

Pitoy (2), 1877, qui reproduit les idées de Duplay et Morat, ne saurait être aussi exclusif que le sont toujours les chefs d'école. Aussi, dans ses conclusions, reconnaît-il à la compression une influence réelle dans la formation du mal perforant. Tout en plaçant cette affection sous la dépendance de la dégénérescence artérielle, mais surtout nerveuse, il ajoute : « Ces deux causes ne pourraient pas seules produire le mal perforant, si la pression extérieure ne venait s'y joindre. Les altérations nerveuses, en effet, à elles seules seraient impuissantes à amener le développement d'un durillon, puis son ulcération, si la pression du poids du corps sur le pied ne leur venait en aide. »

Butruille (3), 1878, fait époque dans la théorie mixte. Il expose les différentes théories émises jusqu'à ce jour et ré-

---

(1) Lucain, *loc. cit.*
(2) Pitoy, *loc. cit.*
(3) Butruille, *loc. cit.*

clame contre leur exclusivisme. Tous, dit-il dans l'Introduction de sa Thèse, appuient leur théorie sur des faits cliniques, mais ils voient les uns dans la cause occasionnelle, les autres dans une des causes prédisposantes l'*exclusive* et indispensable cause du mal perforant. Et il ajoute avec beaucoup d'à-propos : « C'est contre cet exclusivisme que nous voulons réagir. On nous reprochera d'avoir été éclectique; mais il faut peut-être le devenir pour étudier le mal perforant, et cet *opportunisme* qui fera concilier les différentes théories ne nous déplaît pas. » Butruille est un fervent partisan et un zélé défenseur de la théorie mécanique; toutefois, il accepte des causes prédisposantes et admet que l'apparition du mal perforant peut être favorisée tantôt par une lésion nerveuse centrale ou périphérique, tantôt par l'athérome artériel.

Savory et Butlin (1), en 1879, font du mal perforant le résultat de la compression du poids du corps, de la marche sur un tissu altéré et dont la nutrition est troublée et la vitalité insuffisante, par suite d'une altération des nerfs de la région correspondant à l'ulcération.

Petit (2), en 1879, à propos d'une observation de Ball, donne des explications très intéressantes sur le cas en question. Il s'agissait d'un malade à qui on avait fait une amputation de la première phalange du gros orteil droit, à la suite d'un durillon ulcéré. Quelque temps après étaient apparues des douleurs lancinantes. Puis, à la suite d'une chute sur le dos, il s'était

---

(1) Savory and Butlin, *Medico-Chirurg. Transact.*, vol. 62, 1879; *Citirt nach* H. Page « Brain », 1883, reproduit par Hinze, *in Saint-Petersburger Medinische Wochenschrift*, 28 juni (10 juli) 1886.

(2) Petit, *Rev. mens. de médec. et de chirurg.*, 1879. Ball, *Gaz. des Hôpit.*, 1868, cité par Hinze.

produit des arthropathies. Petit explique ainsi ces différents phénomènes : Tout d'abord, la moelle avait été irritée par l'ulcération qui existait avant le traumatisme chirurgical. Ce centre nerveux était devenu par le fait un *locus minoris resistentiæ*; aussi a-t-il répondu à l'opération par de la parésie et des douleurs; il a répondu à la chute sur le dos par des arthropathies.

L'action mécanique et la lésion nerveuse se multiplient ici manifestement l'une l'autre.

Arnozan (1), 1880, admet, outre la lésion nerveuse, mais seulement à titre de causes adjuvantes de ces ulcères, certaines conditions extérieures, telles que la pression continue du bord du pied dans les cas de pieds-bots, l'usage de chaussures trop étroites, etc.

Par contre, Monod (2), 1884, fait jouer à la compression le rôle principal, la lésion nerveuse n'étant pour lui qu'une cause adjuvante. Il dit : La lésion nerveuse ne fait que créer une prédisposition, l'action mécanique est la cause déterminante.....; même chez les médullaires et les nerveux les mieux avérés, vous ne trouverez, quand il y a mal perforant, pas d'autres lésions que ce mal perforant lui-même, et vous ne constaterez aucune altération en dehors des points comprimés.

Fauchon-Courty (3), 1885, soutenant la théorie de Pitres et Vaillard, fait dans ses conclusions quelque concession à la théorie mixte. « L'âge, la misère physiologique, la station debout prolongée, l'athérome, les varices sont autant de causes adjuvantes qui favorisent beaucoup le développement de l'ulcé-

---

(1) Arnozan, *loc. cit.*
(2) Monod, *loc. cit.*
(3) Fauchon-Courty, *loc. cit.*

ration. Ces causes paraissent être efficientes lorsqu'il est impossible de découvrir une lésion nerveuse à laquelle on puisse attribuer l'apparition du mal perforant. »

Pour résumer la théorie mixte, nous n'avons qu'à emprunter à la théorie mécanique et à la théorie nerveuse les différentes causes alléguées par chacune d'elles et à les faire concourir synergiquement à la formation du mal perforant. D'où cette définition : le mal perforant plantaire est une affection de la plante du pied ayant une double cause : la compression d'une part, la lésion nerveuse d'autre part. Celle-ci est la cause adjuvante, celle-là la cause efficiente, et réciproquement. Nous ne reproduirons pas les différentes causes alléguées; on n'a qu'à se rapporter aux conclusions des théories précédentes.

CHAPITRE II

Réfutation de l'exclusivisme des trois théories.

Boursier et Lagrange, dans leur Mémoire, émettent les propositions suivantes :

« Ceux qui pensent que la cause mécanique explique tous les faits se trompent.

Ceux qui pensent que les lésions nerveuses jouent toujours un rôle dans la pathogénie de l'affection exagèrent l'importance de ces désordres nerveux.

Ceux qui croient que la fusion des deux causes (compression et lésions nerveuses) peut tout expliquer ont contre leur manière de voir de nombreux faits. »

C'est là ce que nous allons essayer de démontrer.

A. Réfutation de la théorie mécanique exclusive

Quelque bien fondée que paraisse la théorie mécanique, elle n'est pas sans prêter le flanc aux attaques; et, certainement, elle ne répond pas à tous les cas de maux perforants. Tout le monde connaît l'observation, devenue classique, où Duplay et Morat nous montrent un mal perforant survenu à la suite de la compression des origines du sciatique par un kyste hydatique du sacrum. Outre l'insensibilité de la plante du pied, les mouvements de la jambe et du pied étaient en partie compromis, et ce dernier symptôme avait précédé de longtemps l'apparition de l'ulcère. En outre, il s'était montré des eschares au grand trochanter et au sacrum. Ajoutons que ce cas très intéressant se présentait chez une femme de 63 ans qui était passementière, et, par suite, n'était exposée ni au transport des fardeaux, ni à la station verticale prolongée, ni aux marches forcées. Que devient alors la théorie qui prétend que la compression des tissus est l'unique cause du mal perforant? Comment dénier la lésion nerveuse qui est ici une dégénération du sciatique, dégénération dont on avait eu déjà pendant la vie de la malade des manifestations telles que : douleurs de jambe sur le trajet de ce nerf, engourdissements et fourmillements des pieds, dégénération qui a trouvé, *post mortem,* sa confirmation dans l'examen histologique? Il est digne de remarque que la parésie, pour ne pas dire la paralysie de la jambe et du pied, avait précédé de beaucoup le mal perforant. On pourrait objecter qu'il s'agit là d'une simple coïncidence; mais d'où vient que chez différents malades, porteurs de maux perforants, et qui ont présenté antérieurement des névralgies sciatiques, d'où vient, encore une fois, que ces maux perforants se localisent toujours du même côté que la sciatique? L'objection tombe complètement devant les maux perforants survenus à la suite d'une section des nerfs du membre inférieur (Observation IV) ou d'une lésion centrale traumatique (Observation II).

Des lésions centrales non traumatiques et certaines lésions des nerfs périphériques, se présentant chez un même sujet de pair avec le mal perforant, portent un coup non moins funeste à la théorie mécanique.

Citons la concomitance des névrites périphériques avec le mal plantaire. Tout le monde reconnaît que les gelures, entre autres causes, peuvent produire des névrites périphériques ascendantes. Or, si vous avez affaire à des pieds gelés, sous lesquels se sont développés des maux perforants (Observation III), ne devez-vous pas tenir compte de la lésion nerveuse? Et en fait de lésion centrale, le tabes ne doit-il pas être incriminé? (Observation V.) Le mal perforant n'est pas une affection très commune. Or, nous avons vu déjà bon nombre d'auteurs citer des maux perforants à tous les stades du tabes. Hinze (1), qui a étudié le mal perforant chez les ataxiques, en a recueilli vingt cas dans la littérature médicale. Serait-ce donc là une simple coïncidence? Il faudrait être, croyons-nous, bien prévenu pour le prétendre; d'autant plus que, depuis quelques années, plusieurs observations de maux perforants palmaires chez les ataxiques sont venues jeter une nouvelle lumière sur la question. (Observation VIII.)

D'après ce qui précède, la théorie mécanique exclusive est bien ébranlée. Elle ne saurait résister plus longtemps devant l'argument suivant, qui est topique : Il y a des cas où le mal perforant est apparu, toute cause de compression étant sup-

---

(1) Hinze, *loc. cit.*

primée. Témoin le cas d'hématorachis publié par Boursier et Lagrange. (Observation II) (1).

B. Réfutation de la théorie nerveuse exclusive

La théorie nerveuse offre ceci d'attrayant qu'elle explique tous les phénomènes qui peuvent se présenter chez les sujets atteints de mal perforant par un processus unique et qu'elle les englobe tous dans un seul mot : trouble trophique.

Mais qu'est-ce à dire, cette dénomination de trouble trophique donnée au mal perforant? Et sommes-nous fixés d'une façon absolue sur la nature des différents troubles auxquels on est convenu de donner ce nom? Quelle est, dans ces troubles de nutrition, la part qui revient à la lésion nerveuse? quelle est celle qui revient à l'apport sanguin? quelle est, enfin, celle qui revient à la compression?

Nous n'entreprendrons pas de suivre sur le terrain de leurs discussions expérimentales à ce sujet Schrœder, Van der Kolk, Brown-Sequard, Charcot, Vulpian, Erb et Siemmen, Weiss, etc.

Nous nous contenterons seulement de relater cet aveu sincère autant que modeste, recueilli dans la remarquable Thèse d'Arnozan : « Il n'est pas possible, dans l'état actuel de la science, de donner d'une façon précise la formule des propriétés trophiques du système nerveux » (2). Quoi qu'il en soit des troubles trophiques, si nous arrivons à démontrer : d'une part, que le durillon peut ne pas reconnaître pour cause une

---

(1) Boursier et Lagrange, *loc. cit.*
(2) Arnozan, Th. d'agrégation, 1880.

lésion nerveuse ; d'autre part, que la lésion nerveuse, observée avec toutes ses conséquences, peut être l'effet du mal perforant au lieu d'en être la cause ; enfin, si nous établissons que, dans certains cas, aucune lésion nerveuse n'existe, il faudra bien reconnaître dans ces cas donnés la fausseté de cette seconde théorie.

La quantité de gens porteurs de cors, durillons, déformations unguéales, est fort nombreuse. Ceux-ci se rencontrent surtout, et sans conteste, chez les personnes qui ont des chaussures trop étroites ou se livrent à des marches exagérées. D'autre part, les callosités qui se montrent soit aux pieds, soit aux mains, sont le propre des personnes qui fournissent un travail pénible, portant soit sur la plante des pieds, soit sur la paume de la main. Est-ce à dire que ces gens-là soient des nerveux ? Et faut-il, par exemple, attribuer comme cause à ces infirmités une névrite périphérique ou non ? A première vue, la chose ne nous semble pas plausible. Pitres et Vaillard (1) font suivre leur Mémoire sur le mal perforant d'un examen histologique très complet portant sur six cas de cors, durillons, dystrophies unguéales. Leur examen a porté sur les filets nerveux collatéraux, et aussi sur les nerfs qui leur donnent naissance. Or, ils ont constaté dans ces six cas des lésions névritiques au voisinage, lésions portant non seulement sur les filets collatéraux, mais encore remontant, dans plusieurs cas, au delà. Déjà, Duplay et Morat avaient examiné des pièces provenant d'amputations d'orteils ou d'amputations partielles du pied, à l'occasion de maux perforants, et y avaient trouvé des lésions nerveuses. Faut-il conclure de ces examens histologiques que la lésion nerveuse est constante, et que durillons et maux per-

---

(1) *Archives de physiologie,* février 1885.

forants sont sous sa dépendance ? Nous ne le croyons pas. Michaud (1) a fait l'examen histologique des nerfs collatéraux dans trois cas de maux perforants, ainsi que chez plusieurs sujets qui avaient succombé à d'autres affections. Or, l'examen comparatif lui a démontré que l'état de ces nerfs était à peu près le même chez les sujets ayant les pieds sains et chez ceux qui présentaient des maux perforants. Il s'exprime ainsi : « Tous, en effet, se composent en grande partie de tubes sans myéline ; la seule différence semble résider dans le névrilème, qui est évidemment épaissi chez les sujets atteints d'ulcération perforante. »

Pitres et Vaillard ont vérifié le fait signalé par Michaud. Laissons-leur la parole : « Lorsqu'on examine les nerfs collatéraux pris sur des sujets nullement porteurs de maux perforants, on est surpris d'y rencontrer fréquemment des altérations très caractérisées. Ces altérations sont partielles ou étendues à la totalité du cordon nerveux. Le degré de ces lésions varie depuis les phases initiales de la névrite parenchymateuse jusqu'à la disparition complète de la myéline et l'atrophie du tube nerveux. » Malgré cette constatation, ils essaient de rétorquer l'argument de Michaud en prenant la contre-partie. Ils ont rencontré quelques sujets adultes, mais surtout des enfants, chez qui il n'y avait pas la plus minime altération des nerfs du pied. Donc, disent-ils, les lésions observées ne constituent pas l'état normal. Nous voulons bien l'admettre ; mais, est-ce que cela prouve quelque chose en faveur de la théorie nerveuse ? La compression, cause de ces altérations, ne ressort-elle pas, au contraire, de ces explications ? Et, en effet, c'est surtout chez les enfants et chez quelques

---

(1) Michaud, *Lyon médical*, 1876, T. XXI.

adultes, qui auront sans doute échappé davantage que les autres à la compression des tissus par le poids du corps et par la marche, que nous trouvons les nerfs collatéraux absolument indemnes; tandis que la majeure partie des adultes, porteurs ou non de maux perforants, nous offrent les altérations signalées. Nous pouvons donc attribuer ces altérations à la compression, toutes les fois qu'il n'y aura pas concurremment d'autre lésion nerveuse. En outre, nous nous demandons si ces altérations observées dans les nerfs collatéraux, altérations qui se produisent doucement, à la longue, sans réaction aucune et sans douleur, comme il arrive dans les compressions modérées, lentes et prolongées, seraient capables de produire les graves désordres que nous rencontrons dans le mal perforant. Non, assurément; et nous restons convaincu qu'il faut pour la production de ce mal une influence plus puissante, telle que la pression forcée, exagérée en un point fixe, ou encore une lésion nerveuse grave, intéressant des nerfs de plus grande importance que les collatéraux. Toutefois, ces lésions profondes des nerfs du membre inférieur se rencontrent souvent dans le mal perforant. Nous ne parlerons pas de la névrite descendante par lésion centrale, compression ou section des gros troncs nerveux, etc..... Nous avons déjà observé son influence incontestable dans la production de certains maux perforants. Restent les névrites périphériques. Ici s'élève une grosse question : la névrite est-elle primitive? est-elle consécutive? Si la névrite est toujours primitive, la théorie nerveuse reste debout dans toute sa force. Mais où trouver une solution à cette question? Ce sera la clinique qui nous la donnera.

Elle seule, en effet, est capable de nous dire si la lésion nerveuse est cause ou effet dans le mal perforant; c'est elle qui nous indiquera les conditions dans lesquelles ce mal s'est produit, son mode de début, sa marche, les troubles qui l'ont précédé ou suivi. Car, primitive ou consécutive, la névrite ascendante institue chez le malade les mêmes lésions anatomiques et les mêmes troubles de nutrition.

Prenons pour exemple clinique le malade de notre première Observation. Si nous suivons l'évolution de son mal, nous constatons qu'il y a chez ce malade une cause permanente de compression en un point fixe, compression qui s'exagère encore par l'exercice de sa profession. En outre, pendant seize ans environ, il n'existe chez lui comme manifestation de son mal que le durillon et l'ulcération. Ce n'est qu'au bout de ce temps que l'on peut observer les premiers symptômes d'une névrite *à évolution ascendante*. Or, remarquons la façon dont cette névrite se comporte. Elle prend de l'extension à mesure que le malade marche ; elle rétrograde par le repos. Quand l'ulcération reparaît ou s'aggrave, la névrite reparaît ; quand l'ulcération guérit, les nerfs reprennent leurs fonctions. Actuellement, le nerf est évidemment en train de se régénérer ; et nous sommes intimement convaincu que le réflexe rotulien, le seul phénomène de lésion de fonction qui persiste chez notre malade, reparaîtrait si les causes de compression étaient supprimées. Cette observation clinique reste donc avec toute la force d'une expérience de physiologie ; et, dès lors, il n'est pas douteux que nous ayons affaire avec une névrite ascendante consécutive à l'ulcération.

« En présence de ce cas, disent Boursier et Lagrange, on doit s'arrêter à la possibilité d'une lésion nerveuse. Deux raisons pourraient être invoquées à l'appui de cette manière de voir. En effet, dans son enfance, à l'âge de 10 ans environ, ce malade a subi un traumatisme assez grave pour nécessiter l'ablation du cinquième orteil ; une névrite traumatique chronique a pu en résulter. En second lieu, il est pied-bot, et l'origine de cette difformité est mal élucidée. On peut en accuser le système nerveux si l'affection est congénitale, et le mettre également en cause si elle a succédé à une paralysie infantile. Mais ce sont là des hypothèses. » Ce sont là, en effet, des hypothèses qui n'ont rien de fondé ; car, pour ce qui est du pied-bot, il n'est rien de moins prouvé que son origine nerveuse. Et comment pourrions-nous admettre qu'une lésion nerveuse datant de la naissance se soit bornée pendant plus de quinze ans à une ulcération du pied ? Une semblable question se pose pour ce qui est du traumatisme, et on y répond de même façon.

Au moment où Boursier et Lagrange ont publié leur Mémoire, la névrite n'était pas apparue avec tous ses caractères et n'avait pas révélé son mode d'évolution. Ils l'avaient prévue seulement avec ce sens clinique dont le secret consiste dans l'art de concentrer son attention sur le caractère essentiel, qui domine une affection et établit le diagnostic. Ici, le caractère essentiel du mal perforant résidait tout entier dans l'ulcération produite par la compression, et la névrite n'a été qu'une conséquence, une complication de l'ulcère.

Pour en finir avec la discussion de la théorie nerveuse, nous devons ajouter que dans certains cas de maux perforants, il n'a pas été trouvé de lésion nerveuse. Témoin cette observation de Butruille, où il relate l'examen histologique des nerfs du pied à la suite d'une désarticulation de Lisfranc, nécessitée par la présence d'un mal perforant : « *Examiné à frais, le tronc nerveux ne présente aucune altération ; le nombre des tubes n'est pas diminué. Si l'on examine les nerfs après macération dans l'acide osmique au $1/_{1000}$, on voit que les filets nerveux de la peau sont intacts : on peut les suivre jusque dans les papilles.* » Témoin encore trois cas de Michaud, où il a constaté l'intégrité de la moelle et de tous les nerfs, sauf l'altération des collatéraux, altération dont il a fait, croyons-nous, justice, en démontrant que la majorité des adultes possèdent des nerfs collatéraux qui présentent les mêmes particularités.

C. Réfutation de la théorie mixte exclusive

Si, dans la majeure partie des cas, la théorie mixte est vraie, ce n'est pas une raison pour les expliquer tous à l'aide de cette théorie.

Pour s'en rendre compte, on n'a qu'à se rapporter aux réfutations de la théorie mécanique et de la théorie nerveuse. Nous y avons assez insisté pour ne pas reproduire ici des arguments qui ne seraient que des redites. En effet, l'observation de notre pied-bot est bien faite pour établir que dans le cas particulier, la cause mécanique est seule en jeu.

De même, nous nous trouvons parfois en présence de la lésion nerveuse comme cause unique du mal perforant. Tel est le fait d'hématorachis traumatique observé par Boursier et Lagrange : des maux perforants se produisent pendant que le malade est au lit, par conséquent, soustrait à toute cause de compression plantaire ; or, fait remarquable et pathognomonique de la lésion nerveuse, les maux perforants s'améliorent et guérissent en même temps que les signes de compression médullaire disparaissent. Cette observation est tout aussi démonstrative que celle de notre pied-bot, et ne saurait reconnaître d'autre cause que la lésion nerveuse. Nous ne croyons pas utile d'insister davantage sur la réfutation de la théorie mixte, et nous passons outre.

CHAPITRE III

Acceptation de la légitimité des trois théories appliquées chacune à des cas différents.

C'est ici le lieu de faire notre profession de foi. Nous croyons avoir démontré qu'aucune des théories mécanique, nerveuse ou mixte n'est capable d'expliquer à elle seule les différentes sortes de maux perforants. Nous avons montré, en outre, des cas particuliers correspondant entièrement à chacune de ces théories. La conclusion apparaît toute naturelle (et c'est là ce qui doit ressortir de ce travail) : les trois théories mécanique, nerveuse et mixte sont légitimes à la condition de les appliquer chacune à des cas particuliers.

A la théorie mécanique, appartiennent les maux perforants qui reconnaissent pour cause unique la compression. Ce sont de véritables ulcères dans toute l'acception du mot. Le mal perforant d'origine mécanique nous paraît, en effet, répondre complètement à la définition pathogénique de l'ulcère, tel que le comprennent Vidal, Follin, Cornil et Ranvier, Jamain et Terrier, etc. : c'est une sorte de gangrène moléculaire.

Certainement, avec l'ulcère perforant et ses lésions anatomiques, on peut trouver et on trouve presque toujours des lésions nerveuses siégeant dans les filets nerveux périphériques, et même dans les troncs nerveux (nerfs plantaire interne, externe, etc.); mais nous pensons, et c'est pour la démonstration de cette idée neuve que nous avons entrepris ce travail, nous pensons, disons-nous, que dans certains cas, plus ou moins nombreux, la névrite est consécutive au mal perforant, et que, comme lui, elle reconnaît pour cause la pression exagérée sur un seul point de la plante du pied.

Et ici, il est permis de comparer les lésions du mal perforant avec celles des ulcères de jambe, bien étudiés par Quenu (1). Cet auteur, sur six cas d'ulcères simples pris au hasard, a trouvé six fois des altérations nerveuses variant d'une simple dilatation des vaisseaux avec hypertrophie peu considérable du tissu conjonctif périfasciculaire, jusqu'à un étouffement du tissu nerveux par une sclérose à la fois extra et intra-fasciculaire, avec formation dans l'épaisseur du cordon nerveux d'un véritable tissu caverneux. « En résumé, dit-il, la lésion habituelle est une névrite purement interstitielle, chronique, ordinairement périfasciculaire ». Ce sont donc les mêmes lésions nerveuses que celles observées dans le mal perforant. Quenu se pose, pour les ulcères de jambe, une question identique à celle que nous avons cru devoir soulever pour l'ulcère perforant. Ces altérations nerveuses sont-elles primitives? Sont-elles secondaires? Quenu, d'ailleurs très réservé, estime que souvent l'ulcération dépend de la lésion d'un nerf, par exemple de la compression d'un tronc nerveux par les varices profondes.

Pour nous, nous croyons, au contraire, que le plus souvent, les lésions nerveuses au voisinage de l'ulcère sont d'origine toute périphérique et ne sont autres qu'une névrite ascendante. C'est sans doute la similitude de l'évolution de certains ulcères de jambe comparés au mal perforant plantaire qui a fait décrire par Richard (2) un *mal perforant de la jambe,* et par Dubreuil (3) un *mal dorsal des orteils.*

(1) Quenu, *Rev. de Chirurg.*, t. II, novembre 1882.
(2) Richard, *Gaz. Hôpit.*, 1857.
(3) Dubreuil, *Gaz. Hôpit.*, 1870.

A côté des maux perforants d'origine purement mécanique, nous admettons dans certains cas, plus rares, l'origine nerveuse du mal perforant. Dans ces cas particuliers, le mal perforant plantaire est une véritable eschare sous la dépendance absolue du système nerveux. Ce qui le prouve bien, c'est que cette eschare de la plante du pied peut coïncider avec des eschares du sacrum ou autres, comme dans l'observation du kyste hydatique de Duplay et Morat. Ces sortes de maux perforants se développent d'une façon rapide, et leur marche dépend directement de l'évolution de la lésion nerveuse, cause essentielle de l'ulcération. Le cas d'hématorachis (Observation II) publié par Boursier et Lagrange (1) en est un exemple remarquable. Citons les intéressantes réflexions qui suivent cette Observation : « On peut se demander pourquoi, chez notre paraplégique, ces ulcérations se sont exactement localisées à la plante du pied et ne se sont point produites dans les autres parties du membre inférieur, où la lésion médullaire devait, à un égal degré, se faire sentir. Il est légitime de faire intervenir ici les lésions découvertes par Michaud *à l'état normal* sur les pieds des adultes. Ces lésions ont pu déterminer l'affection médullaire à localiser ses effets à ce niveau. La plante du pied est devenue chez lui une partie de moindre résistance. » Ajoutons que la symétrie dans les maux perforants est un indice de leur origine nerveuse et centrale (2).

Les maux perforants dans lesquels la compression et la lésion nerveuse concourent ensemble à la formation de l'ulcère sont sans contredit les plus nombreux. Dans certains cas, c'est la lésion nerveuse qui domine la scène ; maux perforants survenus

---

(1) Boursier et Lagrange, *loc. cit.*
(2) Testut, Th. Paris, 1876.

à la suite de gelures (Observation III), de lésions traumatiques des nerfs (Observation IV), etc. Dans d'autres cas, au contraire, c'est la compression plantaire qui est le fait dominant dans la formation du mal perforant. Chez les ataxiques, par exemple, le point de sustentation est changé et se localise au talon. C'est aussi au talon que, grâce à l'aide de la lésion médullaire, le mal perforant se localisera (Observation V). Dans ces conditions, dit à juste titre Butruille, nous avons affaire avec des malformations fonctionnelles qui obligent les malades à marcher sur le talon (1). Ici donc, c'est la compression qui a été la cause essentielle, et cette cause s'est trouvée multipliée par la lésion nerveuse.

Désormais, il ne nous reste plus pour nous résumer qu'à adopter une définition du mal perforant, définition qui sera la reproduction de la définition de Boursier et Lagrange : « On entend par mal perforant un ulcère non douloureux, à bords taillés à pic, gagnant toujours en profondeur, intéressant successivement la peau, les tissus sous-cutanés, le squelette ». On pourrait y ajouter : c'est une affection dont l'étiologie est variable.

OBSERVATIONS

En entreprenant ce travail, nous n'avons pas eu pour but d'y multiplier les Observations. Celles que nous citons nous paraissent typiques : les unes ont été longuement critiquées dans les différentes parties de notre étude ; les autres seront le sujet de considérations complémentaires.

(1) Butruille, Th. Paris, 1878.

A. Compression.

OBSERVATION I

PIED-BOT ÉQUIN. — ULCÈRES PERFORANTS MULTIPLES. — NÉVRITE ASCENDANTE.

(Première partie, tirée du Mémoire de MM. Boursier et Lagrange.)

Joseph G..., 17 ans, colporteur, entre à l'hôpital Saint-André de Bordeaux le 7 mars 1883 ; ses antécédents héréditaires sont sans intérêt. Il est né avec un pied-bot équin droit très prononcé, pour lequel il n'a reçu aucun soin. Il est assez bien constitué, quoique maigre et un peu affaibli; il vit misérablement de son métier de colporteur, qui l'oblige à marcher beaucoup, souvent pieds nus, ou chaussé de mauvais souliers, de gros sabots. Il n'a, d'ailleurs, présenté aucune affection grave ; ni accidents scrofuleux ni syphilitiques. A l'âge de 7 ans, il subit l'amputation du cinquième orteil pour un éclat de bois qui lui avait gravement lésé cette partie du pied. L'opération guérit simplement.

L'équinisme très prononcé qu'il présente à droite l'oblige à faire dans la marche abstraction complète de son talon; le poids du corps appuie exclusivement sur l'extrémité antérieure des métatarsiens. Le point d'appui n'est pas disséminé uniformément sur toutes ces extrémités : il a lieu surtout au milieu de la région plantaire, en face du troisième métatarsien. A ce niveau existe une saillie assez prononcée, constituée par un volumineux durillon. Le malade se rappelle avoir toujours marché dans ces conditions, appuyant sur la région antérieure du pied et tout spécialement sur son durillon. De même, aussi loin que remonte son souvenir, il se rappelle avoir toujours eu à ce niveau une ulcération indolente, plus ou moins large selon les moments, parfois presque oblitérée, parfois, au contraire, suppurant beaucoup et l'obligeant à s'arrêter. Vers l'âge de 13 ans, il croit même que la guérison de cette plaie a eu lieu; mais, à 14 ans, elle recommençait sous l'influence d'une marche très longue. Cette infirmité était, d'ailleurs, peu gênante, et le malade courait les routes, se reposant de temps à autre, à intervalles éloignés, laissant ainsi le mal se réparer à demi et faisant ensuite une étape nouvelle. Il vient aujourd'hui réclamer nos soins, parce qu'une inflammation aiguë s'est développée autour de son durillon et qu'une lymphangite légère en a été la conséquence. Il se présente dans l'état suivant :

10 mars 1883. — Son pied est fortement équin ; le talon peut être appuyé légèrement, grâce à une laxité anormale de l'articulation médio-tarsienne.

Le ligament plantaire est tendu ; il y a un peu d'enroulement du pied.

Le cinquième orteil a disparu, les quatre autres sont recroquevillés en flexion ; il faut une certaine force pour les étendre.

La partie antérieure de la région plantaire est convexe, de telle sorte que ni le premier métacarpien ni le cinquième n'appuient sur le sol.

La partie saillante de cette convexité correspond au durillon dont nous avons parlé. Au centre de ce durillon, on distingue une excavation à bords taillés à pic, assez étroite, très profonde, dans laquelle on engage un stylet dans l'étendue de trois centimètres environ. Ce stylet se dirige vers la tête du troisième métacarpien, dénudé dans une petite étendue. Les parois de ce petit cratère sont tapissées de bourgeons peu vasculaires, ne saignant pas à l'exploration, à peu près indolores au contact du stylet. De plus, la peau de la région est enflammée ; il existe une phlyctène pleine de sérosité purulente entre le premier et le deuxième orteils ; mais il s'agit là d'un phénomène accessoire et passager. La sensibilité est obtuse au niveau de l'ulcère, ce qui s'explique bien par l'épaisseur de l'épiderme ; dans l'étendue même de l'ulcère et dans ses profondeurs, si l'on enfonce une épingle, le malade accuse de la douleur.

Les ongles sont déformés, la sudation des pieds est modérée ; il ne présente sur la peau aucun trouble ; la mensuration de la jambe donne le même volume que du côté opposé ; les muscles de la jambe ont, des deux côtés, une égale puissance. Il n'y a pas traces de varices ; aucune névralgie, aucun accident nerveux dans la sphère du sciatique.

Après un traitement antiphlogistique et quelques jours de repos, la lymphangite disparaît, et l'ulcère profond perforant, que nous venons de décrire, persiste seul.

Le jeune malade garde le lit pendant un mois. Pendant ce temps, la plaie se répare, sa profondeur diminue considérablement; elle a presque complètement disparu lorsqu'il quitte l'hôpital malgré nous. Dans le courant du mois de mai, il revient, arrêté de nouveau par son ulcération, qui, sous l'influence de la marche, a repris tous ses caractères antérieurs. Il se repose encore pendant trois semaines, et le mal guérit au point qu'il ne reste plus qu'une faible trace de l'affection.

Toute l'excavation de l'ulcère est comblée; à son niveau, l'épiderme n'est pourtant pas reformé, et l'on distingue très nettement le siège du mal.

Il ne nous paraît pas douteux que si le malade avait encore gardé quelque temps le repos, la guérison n'eût été complète. Le 23 juillet 1883, le malade sort de l'hôpital; depuis, nous ne l'avons pas revu.

(Deuxième partie de l'Observation. — Personnelle (1).

Nous avons eu la bonne fortune de retrouver ce malade, en novembre 1885, dans le service de M. le professeur Lanelongue (salle 17). Voici les détails qu'il nous fournit à ce moment (25 novembre) sur la marche de son affection depuis sa première sortie de l'hôpital, en juillet 1883 :

Il a continué son métier de colporteur, qu'il aime beaucoup, étant de nature très remuant. Quand il est sorti du service de M. le professeur Denucé, on devait lui donner une bottine orthopédique, qui n'a pas été faite. Malgré cela, il continue à courir les foires, car il s'estime complètement guéri. Il ne boite nullement et peut fournir de très longues marches. Toutefois, après ces marches forcées, il lui arrive parfois de sentir de la lassitude dans les jambes, et même des douleurs sourdes dans la jambe et la cuisse du côté où il a son pied-bot. Il éprouve en même temps une sensation de brûlure le long du membre inférieur droit. En outre, un ganglion de la grosseur d'une amande s'est développé au niveau du pli de l'aine, et le malade, qui s'observe, re-

(1) Nous remercions notre maître M. le professeur Lanelongue de la bienveillance avec laquelle il a mis ce malade à notre disposition.

marque très bien que ce ganglion grossit ou diminue d'après le plus ou moins de fatigue. Le ganglion est indolore. A part cela, rien d'anormal ne se produit du côté du pied antérieurement malade jusqu'au mois de juillet 1885.

A cette époque, il se produit au niveau des troisième et quatrième métatarsiens du pied droit des lamelles épidermiques, très dures et très épaisses, que le malade a le soin d'enlever fréquemment après les avoir ramollies par un bain.

Le 15 août, après une marche de cinquante kilomètres en deux jours, il se fait au niveau du durillon une ulcération qui atteint rapidement les dimensions d'une pièce de deux francs. Quelque temps après, s'ouvre, au niveau de la tête du deuxième métatarsien, une nouvelle ulcération, sous forme de fente de la longueur d'un centimètre environ. En même temps, la glande du pli de l'aine s'enflamme et devient très douloureuse, au point que le simple frottement du pantalon est insupportable. La sueur du pied et de la jambe semble un peu diminuée. Malgré tout, et quoique la marche soit devenue pénible pour notre malade, celui-ci panse lui-même ses ulcères et continue ses occupations habituelles. A ce moment, il souffre tous les soirs de douleurs de jambe assez vives du côté droit, et cela pendant une heure environ. Ces douleurs se calment par le repos. Cependant, les ulcérations s'agrandissant de plus en plus et la marche devenant chaque jour plus difficile, Joseph G... se décide à rentrer à l'hôpital.

C'est le 1er octobre. Il est admis à la salle 11, service de M. Dudon, et y reste quatorze jours. On le panse à l'eau phéniquée, puis à l'iodoforme. Les ulcérations, l'adénite, les douleurs de jambe diminuent, et le malade sort, non guéri, pour faire la foire d'octobre.

Le 25 octobre, il est obligé de demander à entrer de nouveau à la salle 11. Ses ulcérations se sont beaucoup agrandies et sa marche est fort pénible. Au bout de dix jours, il est renvoyé non guéri.

Quatre jours après, le malade entre à la salle 17. (12 novembre.) Nous constatons un léger amaigrissement du membre inférieur droit, comparé à celui de l'autre côté. Nous croyons inutile de reproduire à nouveau la description de l'équinisme très prononcé qu'il présente au pied droit, et qui transforme la tête des métatarsiens jointe aux orteils en un véritable talon antérieur. C'est au niveau de ce talon que nous constatons deux ulcérations, à rebords épaissis, indurés, taillés à pic. Ces ulcérations sont grisâtres dans leur périphérie, rouges à leur centre. Elles sont recouvertes d'un léger suintement inodore, un peu analogue à de la sérosité, mais plus épais. Ces ulcérations siègent, l'une au niveau de la tête des troisième et quatrième métatarsiens, l'autre au niveau de la tête du deuxième. La première mesure environ trois centimètres carrés; la seconde a un centimètre de longueur sur un demi centimètre de large. L'intérieur des deux ulcères est complètement insensible : on enfonce une épingle jusqu'à l'os sans que le malade s'en aperçoive ; de même au niveau des bourrelets épidermiques qui entourent les ulcérations. Toute la plante du pied présente une analgésie et une anesthésie incomplètes; de même pour la face dorsale des orteils et le bord externe du pied. Le reste de la face dorsale du pied et la jambe ont conservé leur insensibilité dans toute son intégrité. La sensibilité à la température est diminuée dans toute l'étendue de la plante; elle est indifférente dans la partie qui appuie sur le sol au moment de la marche (talon antérieur). A ce niveau aussi, la sensation de contact n'est pas perçue.

Le mollet droit mesure trente centimètres.

Le mollet gauche en mesure trente et un.

Le malade passe l'hiver à l'hôpital. Comme il marche presque toute la journée, ses ulcères ne guérissent pas. En décembre, il se cogne le pied contre une marche de pierre en montant une charge de bois. A la suite survient un abcès entre les deux derniers orteils. L'abcès est incisé, on y établit un petit drain, et les deux lèvres de la plaie se réunissent au bout d'une dizaine de jours. Toutefois, il reste un petit trajet fistuleux qui laisse couler un peu de sérosité, fistule entretenue par les va-et-vient du malade.

A la fin de février, l'examen de la sensibilité est repris. Nous sommes surpris de voir les poils de sa jambe droite beaucoup plus développés que ceux de la jambe gauche. La plante du pied est presque complètement insensible, et on peut en plusieurs points enfoncer assez profondément une épingle sans que le malade éprouve de douleur.

La sensibilité à la douleur est également diminuée sur toute la face dorsale du pied et sur le bord interne de la jambe jusqu'à une hauteur de quinze centimètres. De même pour la sensibilité à la température. La jambe présente, en outre, sur sa face antérieure, s'étendant de l'extrémité inférieure jusqu'à la partie moyenne de la jambe, un érythème brunâtre; à ce niveau, la peau est sèche et se desquamme. Le malade nous dit que c'est là le résultat de coups qu'il s'est donnés sur la jambe, chaque coup laissant une marque qui ne s'efface pas. La face dorsale du pied est constamment perlée de sueur. Le malade éprouve parfois, surtout le soir, des douleurs assez vives le long de la jambe. Ces douleurs se présentent sous forme de crise, et lui procurent des fourmillements pénibles sur toute la surface du corps. Le réflexe rotulien du côté droit est très diminué, presque aboli. Les ulcères sont moins étendus qu'avant, mais persistent.

La foire de mars arrive : notre colporteur ne peut s'empêcher d'aller y prendre part. Pendant qu'il est dehors, son pied enfle, devient rouge, douloureux, et le décide à rentrer au bout de quinze jours.

Cette fois, il consent, et c'est la condition *sine quâ non* de son maintien à la salle 17, à garder un repos absolu. Peu à peu, les ulcères tournent vers la cicatrisation. Ses douleurs de jambe diminuent. La sueur du cou-de-pied est moins abondante. Les deux ulcérations bourgeonnent et finissent par se recouvrir d'une peau fine et luisante. L'épaississement corné qui entourait l'ulcère disparaît complètement. Enfin, le 18 mai, le malade sort, guéri de ses ulcérations.

Il reprend ses courses; mais au bout de quinze jours, la peau qui remplaçait les ulcérations, et qui n'avait pas encore pris grande consistance, s'ulcère, et le malade, n'osant plus demander d'être admis à l'hôpital, se soigne lui-même, mais ne supprime pas ses promenades. Aussi, les plaies ne se cicatrisent-elles pas complètement. Il reparaît à la salle 17 le 19 juillet. Les ulcères n'ont plus l'aspect calleux d'autrefois; ce sont des plaies franchement bourgeonnantes. Sauf à leur centre, ces ulcères sont sensibles; le stylet révèle la présence d'un os érodé au fond de l'ulcère qui est sous le premier métatarsien. La sensibilité à la piqûre a reparu sur toute l'étendue du pied, tant à la plante qu'à la face dorsale. De même pour la jambe. La sensibilité à la température s'est également reproduite, sauf au niveau des ulcères, où il n'y a qu'une sensation de contact. L'érythème de la jambe est moindre, mais persiste. Le réflexe rotulien est nul ou à peu près. La mensuration du cou-de-pied est de 28 à droite, de 26 à gauche. La mensuration au mollet donne 31 de chaque côté.

B. Lésion nerveuse.

OBSERVATION II

(Tirée du Mémoire de MM. Boursier et Lagrange.)

HÉMATORACHIS TRAUMATIQUE. — MAL PERFORANT PLANTAIRE. — ULCÉRATIONS MULTIPLES. — GUÉRISON.

Nicolas V..., 31 ans, charpentier employé à la construction de l'église Saint-Pierre, tombe de vingt-cinq pieds de hauteur sur le sol; le malade, dans sa chute, a perdu connaissance au point de ne pouvoir bien nettement expliquer la façon dont il est tombé; il croit cependant être tombé sur les ischions, où existe une plaie légère et une douleur assez violente.

Rien à la tête. (16 mars 1882.)

Au bout de quelques instants, le malade reprend connaissance et se retrouve dans une pharmacie où l'avaient transporté ses camarades. A ce moment, il éprouve des douleurs de reins très vives qui lui arrachent des cris, et souffre beaucoup au niveau des ischions. Impossibilité absolue de se relever et de marcher.

Porté sur un brancard à l'hôpital, le blessé attire de suite l'attention sur la région dorso-lombaire, siège de très grandes souffrances: dix sangsues y sont immédiatement appliquées.

État actuel. — Insensibilité de toutes les parties du corps situées au-dessous de la région vertébrale douloureuse, pieds, jambes, cuisses, verge. Le malade n'a pas uriné et n'a pas été à la selle depuis son accident; mais il peut remuer ses jambes et se retourner sur le ventre pour permettre l'application des sangsues. Pas de fractures de la colonne vertébrale.

17 mars. — Le matin, le malade se plaint de n'avoir pas encore uriné depuis l'accident.

Évacuation d'un litre et demi d'urine normale.

18-19 mars. — Cathétérisme évacuateur plusieurs fois par jour. Pas de selles.

Peu à peu la sensibilité revient aux membres inférieurs, ainsi qu'une plus grande facilité à les mouvoir. Après un purgatif (huile de ricin), le malade est trouvé inondé de matières fécales diarrhéiformes absolument rendues à son insu.

20 mars. — On essaie de faire lever le malade, il titube et ne peut rester longtemps sur ses jambes; il ne peut marcher sans faucher.

22 mars. — Constipation opiniâtre; un purgatif huileux amène encore des selles inconscientes. Paralysie du rectum persiste. Rétention complète d'urine.

Rien de cérébral, quelques fourmillements sous la plante des pieds. Pas d'épilepsie spinale. Dans son lit, le malade remue assez facilement les cuisses et les jambes, mais il ne peut faire mouvoir les pieds sur les jambes ou le fait très faiblement. Si l'on fait lever le malade, il s'appuie très fortement sur un plan résistant et s'y attache énergiquement pour ne pas tomber. Lui dit-on de lever la jambe, il le fait, mais lentement, après quelques hésitations, comme si l'ordre d'exécuter le mouvement commandé n'arrivait que tardivement du cerveau aux muscles des jambes.

Les mouvements de l'articulation tibio-tarsienne sont impossibles ; le malade ne peut ni fléchir, ni étendre le pied sur la jambe. Nulle douleur provoquée par la percussion ou la pression du rachis. Réflexe rotulien entièrement aboli.

23 mars. — Légère incontinence d'urine surajoutée à la rétention. L'extrémité de la verge est toujours humide, même après le catéthérisme évacuateur.

24 mars. — Miction volontaire, mais peu abondante.

25 mars. — Le malade éprouve le besoin d'aller à la selle, mais ne peut le satisfaire sans un purgatif.

28 mars. — Plus solide sur ses jambes, sonde à demeure.

8 avril. — Le malade urine et va à la selle volontairement. Il marche assez facilement en s'aidant d'une canne.

24 avril. — Marche facile pendant plusieurs heures de la journée. Miction normale, mais constipation opiniâtre. Rien à noter aux pieds, où la sensibilité est normale. Cependant, les orteils offrent peu de résistance quand le malade les applique fortement sur un plan dur ; faiblesse manifeste des fléchisseurs.

1er mai. — Sensation constante de froid aux pieds. Défécation plus facile. Le malade n'est jamais sûr d'avoir des matières fécales dans le rectum ; il est obligé de s'assurer avec le doigt de leur présence ou de leur absence.

6 mai. — Douleur pénétrante et très pénible dans la région lombo-sacrée.

13 mai. — Pointe de feu sur la région vertébrale.

8 juin. — Froid aux pieds persistant, insensibilité à la piqûre de la peau des fesses et des cuisses. La sensibilité de la muqueuse rectale est toujours très obtuse.

9 juin. — Électrisation avec courants continus pendant six à dix minutes ; chaque jour un pôle (N) dans le rectum ; l'autre (P) sur l'hypogastre.

23 juillet 1883. — Le malade quitte l'hôpital.

Chez lui, ce malade marchant avec la plus grande difficulté, garde presque constamment le lit ; à la partie externe et latérale du talon se produit une ulcération longue de quatre centimètres et large de un centimètre et demi. Cette ulcération, formée spontanément en septembre, guérit de même trois mois après ; les doigts de pied prennent une conformation spéciale. La première phalange se place en extension forcée, les autres en flexion. Le gros orteil a la forme d'un Z.

Dans le courant du mois de janvier, une phlyctène suivie d'une ulcération se produisit au niveau de la tête du cinquième métacarpien. A cette époque, le malade chercha à se lever quelques jours ; il prit des chaussures étroites, de sorte que pour cette lésion la compression a pu jouer un rôle. Il fut, d'ailleurs, bientôt contraint de garder le lit, à cause de la faiblesse de ses membres. Bientôt il se produisit deux nouvelles ulcérations. Le 1er février 1884, inquiété par tous ces accidents, il rentre de nouveau dans le service du professeur Denucé.

1er février 1884. — On constate l'état suivant :

Au niveau du cinquième métatarsien gauche siège une ulcération de la largeur d'une pièce de un franc, à bords aplatis ; l'ulcération est de couleur rose pâle, sauf au centre, où existe un petit espace de quelques millimètres carrés, grisâtre, déprimé ; un stylet introduit au fond de cette ulcération conduit sur un os altéré ; la portion périphérique de cette ulcération est sensible ; la sensibilité est presque abolie au centre ; autour, légère auréole inflammatoire.

A la face plantaire du pied gauche, une ulcération assez large, recouverte de petits bourgeons charnus.

A la face plantaire du pied droit existent, au niveau de la tête du premier métatarsien et au niveau du talon, deux ulcérations qui se sont produites dans les circonstances suivantes : le malade, *gardant le lit,* vit apparaître dans les points correspondant aux ulcérations actuelles une ampoule qui creva deux jours après. Après la chute de l'épiderme, il resta un ulcère excavé, s'agrandissant lentement. Aujourd'hui, ces ulcérations ont à peu près les dimensions d'une pièce de cinquante centimes ; la partie centrale est rosée, un peu granuleuse ; les bords non déchiquetés sont taillés en biseau aux dépens du derme.

Autour de ces ulcérations, la sensibilité existe ; sur les bords et au centre, elle est un peu obtuse. Quand le malade a les yeux fermés, il prend la piqûre de la plaie pour une sensation de contact. La sensibilité du reste du pied est assez bien conservée ; le malade sent le froid, le contact et la piqûre.

L'ulcération n'est pas très profonde, elle n'intéresse que la peau ; le tissu cellulaire sous-cutané n'est pas ou est à peine envahi ; mais elle paraît gagner en profondeur, et il n'y a sur les bords aucune tendance à la cicatrisation.

La sensibilité est assez bien conservée dans les membres inférieurs ; la motilité est très affaiblie. Le malade ressent dans la région lombaire des crampes assez douloureuses. Les réflexes plantaires existent, les réflexes rotuliens sont normaux.

La circonférence du mollet droit est de vingt-six centimètres, celle de la jambe gauche est de trente et un centimètres et demi ; au-dessus de la malléole droite, la mensuration donne dix-huit centimètres ; à gauche, vingt.

L'état général est bon, l'appétit bien conservé ; les sphincters sont toujours parésiés, le malade est obligé d'obéir aussitôt à ses besoins. Tous les viscères sont intacts. Le malade est électrisé et soumis à l'hydrothérapie ; au bout de trois semaines, les ulcérations, pansées à l'iodoforme, sont complètement guéries. Les forces sont en grande partie revenues.

Dans le courant du mois d'avril, il quitte l'hôpital complètement guéri de ses ulcérations et presque complètement débarrassé de ses accidents médullaires.

C. Double cause : mécanique et nerveuse.

A. *Lésion nerveuse multipliée par la compression.*

OBSERVATION III

(Personnelle.)

GELURE DES PIEDS. — MAL PERFORANT AU NIVEAU DE LA FACE PLANTAIRE DU GROS ORTEIL. — FRACTURE DE LA DEUXIÈME PHALANGE. — AMPUTATION DE L'ORTEIL. — MORT DANS LE COMA.

Pierre L..., né à Beauvais (Oise), 66 ans, liquoriste, entre le 21 septembre 1885 dans le service de M. le professeur Denucé, suppléé par M. Demons.

Un de ses frères est mort à table d'un coup de sang *(sic)* à l'âge de 49 ans. A part cela, pas d'antécédents héréditaires.

Pierre L... a fait sept ans de service. Il a toujours été bon buveur. Jusqu'à 50 ans, il était entrepreneur de travaux de construction. A ce moment, il a eu une fluxion de poitrine, qui l'a beaucoup fatigué. A la suite, il est devenu liquoriste.

Il y a quatre ans, il a souffert du froid pendant la nuit et s'est réveillé avec les pieds gelés : il avait les pieds complètement insensibles. Puis, sont survenues des crampes très violentes qui lui prenaient dans les pieds et les jambes et l'obligeaient à se lever. Marchant, il ne souffrait pas ; aussi passait-il quelquefois une partie de la nuit à se promener dans sa chambre. Le malade avait remarqué depuis sa gelure qu'il ne transpirait plus des pieds comme auparavant. Il y a six mois environ, ses crampes ont disparu. Il y a trois mois, Pierre L... coupa un durillon qui était placé sous son gros orteil droit. Il s'en est écoulé un peu de sang ; mais le malade n'a éprouvé aucune douleur de cette opération. Il a continué à marcher comme de coutume. Au bout de quinze jours, le durillon a donné un pus crémeux. Depuis, il y a une ulcération persistante à la place du durillon.

Pierre L... a un cercle sénile des plus prononcés ; ses artères sont athéromateuses ; l'auscultation de son cœur ne révèle aucune lésion organique.

La sensibilité est diminuée à la face plantaire des deux pieds, surtout la sensibilité à la température. La piqûre est perçue sur toute la surface du pied gauche. Du côté droit, elle est très affaiblie sur toute la face plantaire, la face dorsale des orteils et le bord interne de la jambe, jusqu'au-dessus de la malléole. Du même côté, on aperçoit une dystrophie très marquée de l'ongle du gros orteil. Celui-ci s'incline en formant un angle obtus au-dessous des autres doigts. Sous cet orteil, et à sa partie moyenne, on aperçoit une ulcération grisâtre, en forme de cratère arrondi, à rebords saillants, formés par des masses épidermiques fort épaisses, brunâtres. L'ulcère mesure environ deux centimètres carrés. On enfonce dans la plaie une épingle à deux centimètres de profondeur, sans que le malade éprouve de la douleur. Le stylet rencontre dans le fond une résistance osseuse : on ne perçoit pas de crépitation. Au niveau des bourrelets épidermiques, la piqûre est perçue au delà de trois millimètres. Le réflexe au chatouillement de la plante du pied est conservé. Il n'y a pas de trépidation épileptoïde. Les réflexes rotuliens et testiculaires sont abolis. Le malade éprouve des tournements de tête quand il marche. Il urine beaucoup depuis une huitaine de jours : l'examen de ses urines est négatif.

Le 26 septembre, M. Demons lui ampute le gros orteil, amputation qui révèle la présence d'une fracture de la deuxième phalange du gros orteil. Deux jours après l'opération, le malade est pris de cauchemars ; il rêve à son métier. On attire difficilement son attention en l'appelant par son nom. Dans la nuit du troisième soir après l'opération, Pierre L... meurt dans le coma.

OBSERVATION IV

(Inédite.) (1)

SECTION TRANSVERSALE, PAR UN CARREAU DE VITRE, DE LA PARTIE POSTÉRIEURE ET MOYENNE DE LA JAMBE, SECTION PROFONDE INTÉRESSANT LES MUSCLES, LES VAISSEAUX ET LES NERFS. — CICATRISATION. — PERSISTANCE DES TROUBLES SENSITIFS. — MAL PERFORANT UN AN APRÈS LA GUÉRISON DE LA PLAIE.

(Première partie de l'Observation, recueillie par M. Loumeau, interne, service de M. le professeur Denucé.)

Blaise Jarrus, vitrier, 32 ans, est porté à l'hôpital Saint-André, salle 18, dans la nuit du 7 au 8 avril 1882. Étant en état d'ivresse, il a donné un coup de pied dans une porte vitrée, et la vitre brisée lui a sectionné toutes les parties molles du mollet de la jambe droite : peau, muscles, vaisseaux, nerfs. Contusion des tissus. Hémorrhagie abondante difficile à arrêter, ligature des vaisseaux dans la plaie. La plaie est transversale, et à peu près à mi-jambe. Au dessous de la plaie, la peau est ridée et permet de constater le relâchement du tendon d'Achille. Le malade étend ses orteils sur la face dorsale du pied, qui est sensible, sauf son bord externe et son tiers externe. La face plantaire, au contraire, est insensible.

Bandage roulé pour relever le talon en arrière en étendant fortement le pied sur la jambe : le segment inférieur du triceps sural se rapproche du segment supérieur.

10 avril. — Suture profonde au fil d'argent des deux segments du triceps; suture superficielle également au fil d'argent. Opération très douloureuse.

---

(1) Nous devons cette très intéressante Observation à l'obligeance de M. le professeur agrégé Boursier, qui nous a montré le malade. (Cette Observation n'est pas achevée, le malade étant encore en traitement.)

18 avril. — On enlève les sutures. Bourgeonnement et suppuration louables. Le tendon d'Achille est tendu sous la peau.

4 mai. — Le malade peut fléchir et étendre son pied sur la jambe : le triceps se contracte sous l'influence de la volonté. La plante du pied est toujours insensible. Le bord externe et le tiers externe de la face dorsale, insensibles après l'accident, sentent la piqûre d'épingle.

22 mai. — La plaie est cicatrisée. L'exploration de la sensibilité au-dessous de la plaie donne les résultats suivants : pour la jambe, dans toute la zone innervée par le tibial postérieur et le saphène externe, il y a conservation de la sensibilité au contact, mais abolition de la sensibilité à la température et à la douleur (une épingle enfoncée à travers les tissus jusqu'au calcanéum ne fait éprouver aucune douleur au malade) ; pour la plante du pied, la sensibilité au contact existe seule, sauf dans la partie innervée par les filets terminaux du saphène interne et les rameaux cutanés plantaires du tibial postérieur, où la sensibilité existe sous toutes ses formes.

27 mai. — La sensibilité a reparu complètement à la face plantaire, au niveau du pouce et des trois premiers orteils.

6 juin. — La sensibilité au contact s'est transformée à la plante du pied en sens du toucher assez perfectionné. L'insensibilité à la douleur persiste.

13 juin. — Le malade sort de l'hôpital avec une légère boiterie ; mais il marche facilement, et pourrait, à la rigueur, se passer de son bâton.

(Deuxième partie de l'Observation, recueillie par M. Auché, interne, service de M. le professeur agrégé Boursier.)

Le 1er juillet 1886, Blaise Jarrus entre de nouveau à l'hôpital Saint-André, salle 18. Il présente sur la plante du pied, au niveau de l'extrémité inférieure du cinquième métatarsien, une ulcération arrondie, atteignant presque l'étendue d'une pièce de un franc. Le fond de cette plaie est grisâtre, non bourgeonnante, saignant difficilement, et complètement insensible. Les bords de la plaie sont réguliers, arrondis, taillés à pic. La profondeur de cet ulcère est d'environ quatre ou cinq millimètres. Un peu plus en arrière, au niveau de l'extrémité supérieure du cinquième métatarsien, existe un durillon de l'étendue d'une pièce de deux francs. Il n'y a que peu ou point de dystrophie unguéale.

La sensibilité à la piqûre existe sur toute la jambe, sur la face dorsale du pied et la moitié interne de la plante. Elle n'est effacée que dans les limites suivantes : de l'extrémité inférieure du tendon d'Achille jusqu'aux deux derniers orteils. Latéralement, cette zone d'insensibilité arrive en dehors, jusqu'à un travers de doigt au-dessous du point de réunion des téguments plantaires et dorsaux du pied. Au niveau du durillon, la sensibilité existe dans la moitié externe de la plante. Plus loin, cette limite externe arrive, toujours en suivant le bord externe du pied, jusqu'à deux centimètres de l'ulcère perforant; là, elle se dirige en haut et en avant sur la face dorsale du pied, contourne le mal perforant, reste à trois centimètres de son bord externe, et enfin, arrive jusqu'à la base du quatrième orteil, qui est insensible à peu près dans toute son étendue. La limite interne part du tendon d'Achille, suit à peu près la ligne médiane de la plante du pied, et, arrivée au niveau de l'ulcère, décrit une courbe, se porte vers la racine du cinquième orteil, pour revenir ensuite jusqu'à la face externe du quatrième.

L'insensibilité est complète au niveau de l'ulcère. La sensibilité au contact paraît persister dans toute l'étendue, même dans la zone insensible à la piqûre. La sensibilité à la température paraît conservée à peu près dans toute l'étendue, sauf sur la partie externe de la plante du pied, dans une zone s'étendant des deux derniers orteils jusqu'au niveau du talon.

Toute la partie postérieure du mollet comprise entre l'insertion du tendon d'Achille et la cicatrice présente une sensibilité exagérée : le moindre contact détermine une sensation toute spéciale dont le malade ne se rend pas bien compte.

L'ulcère perforant remonte à trois ans. Il a débuté par une petite ampoule qui s'est ulcérée et a donné naissance à une petite plaie assez profonde, mais très étroite. Pendant six mois, elle s'agrandit peu à peu ; et, à ce moment, lorsque le malade rentre à l'hôpital, elle a une grandeur d'une pièce de vingt centimes. Au bout d'un mois et demi de repos et de soins, le malade peut quitter l'hôpital complètement guéri.

Enfin, il y a six ou sept mois, à la suite de fatigues un peu fortes, l'ulcère s'ouvre de nouveau ; il s'agrandit constamment, et aujourd'hui se présente avec les caractères déjà décrits.

Il existe une atrophie musculaire très prononcée dans tous les muscles du pied. Le bord interne de la plante du pied du côté malade est beaucoup plus excavé que du côté sain. Les muscles adducteurs du gros orteil ne sont presque plus perceptibles au toucher. Il en est de même sur le bord externe du pied. Le muscle pédieux du côté droit paraît aussi atrophié, si l'on en juge par le peu d'épaisseur des parties molles qui semblent le séparer des os sous-jacents.

La circonférence de l'avant-pied, prise au bord du niveau de la base du premier et cinquième métatarsiens, mesure vingt-quatre centimètres du côté sain et vingt-deux centimètres seulement du côté malade.

La plante du pied du côté droit mesure aussi près d'un centimètre de moins que du côté gauche.

L'exploration électrique vient confirmer ces données : le même courant appliqué sous les deux pieds produit des contractions beaucoup plus intenses du côté gauche que du côté droit. Il est même assez difficile de produire la contraction du gros et du petit orteils.

Les muscles de la jambe sont aussi atrophiés. A trois centimètres au-dessous de la tubérosité antérieure du tibia, la jambe droite mesure deux centimètres de moins que la gauche. La réaction électrique se produit cependant d'une façon à peu près normale : les jumeaux se contractent facilement et permettent de constater la saillie du tendon d'Achille. La sensibilité électrique est conservée dans toutes les parties des téguments du pied et de la jambe ; elle est exagérée dans la partie postérieure et inférieure du mollet, au-dessous de la cicatrice, jusqu'au niveau de l'insertion du tendon d'Achille. Il n'y a pas d'atrophie du squelette du pied.

Il est intéressant de voir, dans ce cas particulier, le mal perforant survenir un an après la cicatrisation de la plaie du mollet. Sûrement, la compression par la marche s'est ajoutée ici à la lésion nerveuse, lésion nerveuse qui s'est modifiée très sensiblement depuis la section du nerf. Au début, il y avait de l'insensibilité s'étendant au delà de la zone innervée par le tronc lésé. Actuellement, l'insensibilité s'est limitée aux régions qui sont sous la dépendance du tibial postérieur. M. le professeur agrégé Boursier nous a donné, dans une clinique faite à l'occasion de ce malade, l'explication de ces phénomènes, qui, tout d'abord, ne laissent pas d'étonner. Il y a, nous dit-il avec Tripier et Arloing, dans les premiers jours de la section d'un nerf, une sorte de *choc nerveux* qui fait que la zone anesthésiée est plus grande que la zone elle-même du nerf lésé. Et la réapparition de la sensibilité tient à ce que les fibres récurrentes, vivant encore mais se trouvant sous le coup du choc, reprennent au bout de quelques jours leur action. Quant à l'hyperesthésie qui est survenue sur la face postérieure et cutanée de la jambe, elle tient aux névromes périphériques qui se sont développés aux deux bouts de section du nerf, ces deux bouts étant sans doute trop écartés pour qu'il y ait eu cicatrisation.

B. *Compression multipliée par la lésion nerveuse.*

OBSERVATION V

MAL PERFORANT ULCÉRÉ, SANS LÉSION OSSEUSE, SIÉGEANT
AU TALON CHEZ UN ATAXIQUE

(Butruille, Th. Paris, 1878.)

Burin, Joseph, cocher, 50 ans, né à Saint-Jouarre (Haute-Savoie), entre à l'hôpital Beaujon, dans le service de M. Tillaux, le 19 mars 1878.

C'est en 1865 que cet homme fut malade pour la première fois. Il présente à cette époque les symptômes suivants : douleurs fulgurantes très vives dans les jambes, démarche irrégulière, incertaine ; pendant la marche, les jambes, fortement déjetées en dehors, ne sentaient pas le sol. Il ne pouvait se tenir debout dans l'obscurité sans chanceler immédiatement. Pas de douleurs en ceinture; un peu de diplopie. Ces symptômes se rapportent bien au *tabes dorsalis*. Il se soigna chez lui pendant un mois, puis fit à la Pitié, dans le service de M. Matice, un séjour de six mois. Il lui était impossible de se lever du lit; il dit même que ses jambes étant couvertes d'un drap, il lui était impossible de dire où se trouvaient ses pieds.

Néanmoins, il vit survenir dans son état une amélioration telle, qu'il put se remettre à marcher et reprendre son métier de cocher. Depuis cette époque, il marche sur les talons.

Pendant quelque temps, il ne marcha que très peu; souvent assis sur son siège, il ne se levait, ne marchait et ne se tenait debout que le moins possible. Mais depuis le mois de janvier 1877, il doit faire deux fois par jour une course d'une heure à pied, le matin pour se rendre à son travail, le soir pour regagner son domicile. Comme il marche sur les talons, il voit se développer à ce niveau des durillons qu'il néglige de soigner, pour la simple raison qu'ils ne provoquent aucune douleur. Au mois de novembre 1877, en descendant de son siège, il éprouva au talon gauche une douleur analogue à celle qu'aurait produite un clou de sa chaussure pénétrant dans la peau du talon. Il se déchaussa, ne trouva point cette cause qu'il soupçonnait. Regardant son talon, il vit le durillon qu'il avait déjà constaté : rien de plus. Le soir, il constata au niveau du point douloureux un petit trou laissant suinter de l'eau et du pus très clair (*sic*); au repos, indolence complète; la marche seule réveille la douleur.

Il convient également d'ajouter que depuis qu'il a éprouvé les premiers symptômes de l'ataxie locomotrice, et malgré l'amélioration qui lui a permis de reprendre son travail, B... a toujours conservé dans les jambes des élancements douloureux et des crampes.

Malgré cette lésion du talon, B... a continué son service jusqu'en janvier 1878. A cette époque, le talon était plus douloureux, l'ulcère laissait s'écouler du pus et était entouré de plaques épidermiques que le malade sectionnait. Il se traite chez lui par le repos et les cataplasmes; au bout d'un mois, la guérison était complète, en apparence, du moins.

B... reprend son service, change de patron pour s'éviter la course du matin et du soir, marche le moins possible ; mais, au bout de huit jours, l'ulcération s'est reproduite. Bref, il entre à l'hôpital Beaujon, salle Saint-Vincent-de-Paul, n° 31, le 19 mars. Le pied gauche présente au talon une ulcération à bords déchiquetés, offrant, grâce à sa profondeur, l'aspect d'une cupule dont les parois sont formées par des plaques épidermiques superposées. Cette ulcération laisse suinter du pus et saigne dès que le malade marche.

Le stylet pénètre dans une étendue de deux centimètres, ne provoque pas de douleur et ne tombe pas sur des os dénudés.

Pas le moindre durillon à la partie antérieure du pied, tandis que l'ulcération est située au centre même du durillon corné.

Le pied droit présente un durillon assez mince au niveau du talon ; le malade prétend qu'il porte autant sur le talon droit que sur le gauche, mais l'inspection du pied droit permet de constater, grâce à la présence d'indurations épidermiques, que de ce côté les deux points antérieurs de sustentation posent encore sur le sol.

Signalons encore au niveau de chacun des deux gros orteils un épaississement épidermique très considérable que le malade attribue, avec raison, nous semble-t-il, au frottement de l'orteil contre la chaussure pendant la marche.

Les ongles des deux gros orteils sont également fendillés dans le sens transversal.

Sensibilité. — Elle est conservée aux deux jambes et au pied droit. Le pied gauche présente autour de l'ulcération une zone assez nettement privée de sensibilité. Pas d'analgésie. Pas d'athérome artériel.

Bonne santé générale, aspect vigoureux, rien de sénile, bon appétit, bonnes digestions.

18 avril. — L'ulcère est presque comblé ; le stylet est arrêté dès qu'on l'introduit dans la plaie. Le malade nous apprend de plus que, depuis qu'il a éprouvé les premiers symptômes de l'ataxie, les sueurs de la face plantaire du pied, autrefois très profuses, se sont supprimées petit à petit.

D. Causes prédisposantes :

DIABÈTE. — ALCOOLISME. — SYPHILIS

A. *Diabète.*

OBSERVATION VI

(Personnelle.)

MAL PERFORANT AU NIVEAU DE LA TÊTE DES DEUXIÈME
ET TROISIÈME MÉTATARSIENS. — POLYURIE.

Jean R..., âgé de 56 ans, né à Gour (Gironde), tuilier, entre à l'hôpital Saint-André, salle 17, service de M. le professeur Lanelongue, le 22 juin 1886. Pas d'antécédents héréditaires. Il est marié, père de famille et n'a jamais été malade.

Il y a deux ans environ, se rendant à pied à une foire, il sentit sous son pied droit une douleur, comme s'il avait eu le pied percé par un clou. Il sortit sa chaussure, à l'intérieur de laquelle aucun clou ne faisait saillie, et, sans plus s'inquiéter, il continua sa marche. Le soir, il aperçut, à la plante de son pied, un point rouge, comme mâché. Au bout de trois mois, il se forma à ce niveau, dit le malade, des peaux dures, épaisses, semblables à des écailles, qu'il arrachait sans qu'il s'écoulât de sang. Parfois, il y avait un léger suintement roussâtre. Le malade avait beau enlever les lamelles épidermiques, il s'en reformait constamment de nouvelles. Il était fort surpris, après avoir mis à nu le derme sur une assez grande étendue, de ne pas souffrir en marchant. Toutefois, comme ce *bobo* ne guérissait pas et qu'il attribuait cela à la marche, il faisait la plupart de ses courses en voiture. Il avait remarqué qu'il transpirait beaucoup moins des pieds qu'auparavant; mais la chose lui paraissait naturelle, ses marches forcées ayant été supprimées. A ce moment, il montra son pied à deux médecins, qui diagnostiquèrent un mal perforant. Ce mal est resté dans le *statu quo* pendant plus d'un an. Jean R... a fait de lui-même plusieurs traitements : onguents, cataplasmes, etc.

Cependant, le mal gagnait en profondeur, et, comme il s'était formé dans le fond deux bourgeons charnus assez volumineux, il s'est décidé, il y a un mois environ, à les brûler avec du sublimé corrosif. Chaque jour, il reprenait l'opération, au prix de souffrances assez vives, et en huit jours, il a employé deux grammes de sublimé. A la suite de cette cautérisation énergique, il s'est écoulé de la plaie un pus épais et roussâtre ; il a éprouvé des douleurs le long de la jambe, et il s'est formé dans le pli de l'aine un ganglion dur et indolore. Douleurs et ganglion ont disparu assez rapidement. Le malade, qui buvait beaucoup par profession, a vu sa soif augmenter après la cautérisation ; il a absorbé jusqu'à six litres d'eau par jour. En outre, il dit qu'il a sensiblement maigri depuis un mois.

Après la cautérisation, la plaie ne s'est pas refermée, et c'est ce qui a décidé le malade à entrer à l'hôpital. État actuel : Jean R... marche sur le bord interne des pieds. Au niveau de la tête des deuxième et troisième métatarsiens se trouve une ulcération, mesurant trois centimètres, suivant l'axe du pied, pour une largeur de deux centimètres et demi.

L'aspect est celui d'une plaie bourgeonnante. La peau de la plante du pied, très épaissie, a été arrachée sur le pourtour de l'ulcère, dans une étendue de quatre centimètres de rayon, en prenant pour centre le centre de l'ulcération. La sensibilité est conservée sur les bords de celle-ci. La plaie, qui bourgeonne, est sensible à la piqûre ; néanmoins, il existe un point où l'on peut enfoncer une épingle à trois ou quatre millimètres sans que le malade éprouve de douleur ; en quelques autres points, au delà d'un millimètre, la piqûre est perçue. La sensation de froid est conservée sur la plante du pied, sauf au niveau de la plaie, où il y a simplement sensation de contact. Le pied et la jambe, jusqu'au niveau de la jarretière, présentent de l'érythème, couleur maigre de jambon. La sensibilité est conservée sous toutes ses formes sur la face dorsale du pied et dans toute l'étendue de la jambe. La jambe, au niveau du mollet, mesure de chaque côté trente-six centimètres. Les réflexes rotuliens sont très diminués, les réflexes testiculaires sont conservés. Il n'y a pas de trépidation épileptoïde. Le chatouillement à la plante du pied est diminué à droite. La vue est affaiblie.

L'émission des urines en vingt-quatre heures est de trois litres en moyenne ; l'examen sommaire révèle la présence du sucre en assez grande quantité. L'ulcère est pansé à l'iodoforme. Le malade est soumis au régime antidiabétique, ce qui le prive beaucoup.

Quelques jours après, voulant faire un examen plus sérieux des urines, nous ne trouvons plus que quelques traces de sucre ; la quantité d'urines émises en vingt-quatre heures n'est plus que d'un litre et demi.

De récents travaux ont signalé la coïncidence, qui n'est pas très rare, du mal perforant avec le diabète. Tels sont ceux de Puel (1), Clément (2), Vigier (3), Marchal de Calvi (4), Dreyfous (5), Jeannel (6), Kirmisson (7). Cette coïncidence mène la plupart de ces auteurs à supposer que le diabète est une affection nerveuse tenant sous sa dépendance l'ulcère perforant. Pour en arriver là, il faudrait tout d'abord établir que le diabète est une affection nerveuse, ce qui est loin d'être prouvé, malgré les travaux de Félizet et le Mémoire de Jeannel, où il fait du diabète une dystrophie générale. Car ils ne nous ont pas encore montré la lésion anatomo-pathologique, encéphalique ou autre du diabète. Nous préférons bien, comme Verneuil, et jusqu'à preuve du contraire, voir dans le diabète un état

---

(1) Puel, Mémoire couronné par la Société de Médecine d'Anvers, 1874.

(2) Clément, Th. Paris, 1881.

(3) Vigier, Th. Paris, 1883.

(4) Marchal de Calvi, cité par Vigier (*in Recherches sur les accidents diabétiques*).

(5) Dreyfous, Th. d'agrégation, 1883.

(6) Jeannel, Mémoire communiqué à la *Rev. de Chir.* en déc. 1884, et publié en janv. 1886.

(7) Kirmisson, *Archiv. gén. de Méd.*, janv. 1885.

constitutionnel qui rend les tissus moins résistants aux actions extérieures. Il en sera de même pour l'alcoolisme et la syphilis. Nous inclinons d'autant plus vers cette manière de voir que la clinique est d'accord avec elle. En effet, devant un cas de mal perforant avec gonflement considérable du gros orteil et du métatarsien correspondant, et fétidité de l'ulcération, Verneuil, avec son sens clinique, n'hésita pas à proclamer qu'on devait se trouver en face d'un état constitutionnel. Cet état, l'examen des urines le révéla quelques jours après : les urines du malade contenaient du sucre. Ce cas, cité par Kirmisson, nous présente plusieurs points d'analogie avec celui de notre Observation VI. Chez les deux malades, la présence du sucre est intermittente, et l'ulcération du pied avec sa zone environnante a conservé sa sensibilité presque complète. A quoi attribuer ces particularités? Nous les signalons simplement, n'ayant pu leur trouver d'explication plausible. Nous constatons également que notre malade, sans autre trouble nerveux, a perdu ses réflexes rotuliens, fait constaté par Bouchard (1) chez les diabétiques. Ajoutons que Déjérine a fait l'examen histologique des nerfs d'un pied amputé à la suite de mal perforant chez un diabétique, et n'a pu découvrir aucune lésion nerveuse.

---

(1) Bouchard, Compte rendu de la session de Blois. S. médic., 1884.

B. *Alcoolisme.*

OBSERVATION VII

(Personnelle.)

MAL PERFORANT AU NIVEAU DE LA PREMIÈRE PHALANGE DU GROS ORTEIL GAUCHE. — HYPERTROPHIE DE CET ORTEIL.

Thérèze B..., journalière, 43 ans, née à Masseveaux (Haut-Rhin). Pas d'antécédents héréditaires : A l'âge de 6 ans, rougeole. De 15 à 24 ans, Thérèse B... a travaillé dans une fabrique de coton ; à partir de cette époque, sa vie a été assez mouvementée. Elle a quitté sa famille et s'est fixée à Besançon, où elle a mené une existence peu avouable. — D'aventure en aventure, elle s'était créé à un moment donné une certaine situation pécuniaire. Puis la fortune l'abandonnant avec l'âge, elle est descendue au dernier degré de la misère honteuse. Elle a eu trois enfants. Un de ses accouchements a été fort pénible et a été accompagné d'une *phlegmatia alba dolens* du membre inférieur gauche. Interrogée au point de vue de la syphilis, elle nie les accidents ordinaires et n'en porte point de traces ; elle dit pourtant avoir été très sujette aux maux de tête et aux maux de gorge.

Thérèze B... se présente à nous avec tous les symptômes de la décrépitude physique et intellectuelle. Elle a l'air plus âgé que son âge, ses cheveux commencent à grisonner, le cercle sénile est peu prononcé et les artères ne sont pas très résistantes sous le doigt ; en revanche, les jambes sont couvertes ou plutôt farcies de varices et œdématiées. La malade est dans une sorte de torpeur habituelle. Elle a l'air de sortir d'un rêve, quand on lui parle ; elle répond avec un rire hébété et non motivé. La mémoire est affaiblie. Sa voix est tremblante ; elle n'est plus réglée depuis trois ans environ, et rapporte à cet état tous les troubles que nous allons constater chez elle. Depuis cette époque, dit-elle, elle est sujette à des palpitations de cœur ; c'est aussi depuis ce temps qu'elle a des varices et que ses jambes sont enflées. Elle a des douleurs d'estomac et des coliques fréquentes ; pas de pituite ; la vue a diminué, et souvent, le soir, elle y voit double. Son sommeil est fort agité, ses rêves sont peuplés de chats, de barbots, de monstres plus ou moins fantasques. Elle aperçoit aussi des incendies qui lui causent de grandes frayeurs. A l'état de veille, il lui semble souvent voir un point noir qui passe devant ses yeux ; deux ou trois fois, ce point noir s'est transformé en figures humaines qui la regardaient en face, ce qui l'a épouvantée. Elle avoue ne pas détester le vin et les spiritueux en général. Une de ses voisines, présente à l'interrogatoire, nous dit que la malade prend cinq ou six verres d'absinthe par jour.

L'examen du cœur ne nous fait constater aucune lésion organique. Les battements des artères sont vibrants : le foie nous paraît normal comme volume, la pression exercée au niveau de l'estomac est assez douloureuse. Les mains et les bras présentent un érythême particulier, au sujet duquel M. le professeur agrégé Arnozan a porté le diagnostic d'érythême polymorphe ; cet érythême est intermittent et cède de temps en temps sa place à des douleurs rhumatismales.

Thérèze B... vient de faire un séjour de trois semaines à l'hôpital Saint-André, où elle était entrée pour son érythême, d'une part, mais surtout pour une ulcération siégeant sous le gros orteil du pied gauche ; elle a été soumise, nous dit-elle, au traitement par l'iodure de potassium. Elle est sortie non guérie.

Le gros orteil du côté gauche est comme hypertrophié. Il a une circonférence de douze centimètres, tandis que celle du gros orteil droit n'est que de sept centimètres. L'ongle de cet orteil semble avoir subi le développement de l'orteil lui-même ; il ne présente pas de stries bien prononcées et ne s'effrite pas. C'est au-dessous de cet orteil, au niveau de la tête de la première phalange, que se trouve un durillon occupant une surface de deux centimètres carrés. Ce durillon a débuté depuis fort longtemps par des épaississements successifs de l'épiderme, que la malade enlevait périodiquement, mettant quelquefois le derme à nu et le faisant saigner sans éprouver de douleur. — Il y a un mois et demi, le durillon enlevé a fait place à une ulcération qui a suinté plutôt que suppuré, et qui s'est en partie réparée pendant le séjour que la malade a fait à l'hôpital.

Nous avons dit que les jambes étaient couvertes de varices et œdématiées. Le mollet droit et le mollet gauche mesurent chacun trente-huit centimètres. Les réflexes rotuliens sont exagérés des deux côtés. — Des deux côtés aussi il y a un peu de trépidation épileptoïde au niveau du cou-de-pied. La sensibilité générale est diminuée : la piqûre est ressentie d'une façon obtuse sur la face, les membres supérieurs, le tronc, les cuisses, la jambe droite.

Quant à la jambe gauche, la sensibilité disparaît complètement sur son bord interne, à vingt centimètres au-dessus de la plante du pied. Sur le bord externe, l'insensibilité n'est pas complète ; de même pour la face dorsale des deux pieds. La plante du pied droit est complètement insensible à la piqûre au niveau des orteils. La sensibilité étant très obtuse dans le reste de son étendue. Au pied gauche, l'insensibilité est complète dans presque toute l'étendue de la plante. Au niveau du durillon, qui a tendance à s'éliminer, on enfonce une épingle jusqu'à l'os sans que la malade s'en aperçoive. C'est ainsi que dans ce rayon de trois centimètres environ, la sensation du contact est abolie.

La sensibilité à la température est indifférente au niveau des deux plantes, ainsi que dans la zone de vingt centimètres de hauteur signalée sur le bord interne de la jambe, et occupant un quart environ de la circonférence de celle-ci.

Thérèze B... avait remarqué depuis l'hiver dernier l'insensibilité de ses pieds à la température; elle s'est brûlé des chaussures sans pouvoir ressentir la sensation de chaleur. Elle a toujours les pieds froids, mais ne redoute pas les températures basses. En outre, elle se plaint de douleurs qui lui remontent brusquement le long des jambes et lui font éprouver comme des secousses; elle dit aussi ressentir parfois des douleurs térébrantes dans les membres inférieurs.

Ici, l'état général peut, nous semble-t-il, être incriminé, comme cause prédisposante, au même titre que le diabète dans le cas précédent. Tous les tissus de notre malade sont, pour ainsi parler, saturés d'alcool. Chez elle, l'état physique et l'état intellectuel sont dans une sorte de dégénérescence latente : le moindre choc, la moindre contusion sont susceptibles de produire en elle les troubles les plus graves.

Une chose nous frappe chez cette malade; c'est l'hypertrophie du gros orteil, siège de son ulcère. Et nous sommes tout disposé à accepter l'opinion émise à ce sujet par Jamain et Terrier (1) dans leur description des ulcères calleux : « Ce sont ces ulcères qui donnent souvent naissance à des altérations profondes des os sous-jacents, ou à de l'ostéopériostite chronique ». Il en est de même pour l'hypertrophie des ongles, souvent signalée dans les cas de maux perforants. Parfois, au contraire, le processus s'opère en sens contraire, et, au lieu d'être congestif, hypertrophique, il est anémiant, atrophique. « L'atrophie des ongles, dit P. Reclus (2), peut gagner jusqu'à la phalangette ». Ce que nous retenons en cela et que nous voulons répéter, c'est que parfois ces lésions peuvent être consécutives à l'ulcération.

Nous n'entrerons pas dans la discussion de la théorie vasculaire, qui a été fort en honneur à un moment donné. Nous nous bornerons à faire remarquer que Lucain (3), son principal défenseur, a recueilli presque toutes ses observations chez des vieillards, dans les artères desquels, très fréquemment, à l'état normal, on rencontre de l'athérome. En outre, il suffit de jeter un coup d'œil sur ses tracés sphygmographiques pour se rendre compte qu'ils ne sont pas d'un grand secours pour soutenir la théorie vasculaire. Ce n'est pas à dire que nous ayons l'intention de nier les lésions vasculaires dans le mal perforant. Nous avons constaté, au contraire, dans plusieurs observations

---

(1) Jamain et Terrier, *Manuel de path. chir.*, t. I, p. 177.
(2) Paul Reclus, *Manuel de path. ext.*, t. I, p. 294.
(3) Lucain, Th. Montpellier, 1868.

très bien prises, de la sclérose des vaisseaux. Nous croyons même qu'il serait intéressant de rapprocher ces lésions de celles observées dans les artères au voisinage des ulcères, altérations bien étudiées par Arnozan et Boursier (1).

D. *Syphilis.*

OBSERVATION VIII (2)

(Service de M. Fournier. — Observation recueillie par M. Ménétrier, interne du service.)

MAUX PERFORANTS PALMAIRES SUR UN SUJET AFFECTÉ DE TABES SYPHILITIQUE

B..., Louis, âgé de 20 ans, entre le 28 avril 1885 à l'hôpital Saint-Louis... Pas d'antécédents héréditaires.

Dans son enfance, il a eu la rougeole à 18 mois. Pas d'accidents strumeux, sauf quelques glandes au cou qui n'ont pas suppuré.

A 15 ans, il a fait une chute de cheval et est tombé sur l'arcade sourcillière droite ; il a perdu connaissance pendant deux ou trois heures, et a mis environ quinze jours à se remettre de cet accident, qui, du reste, n'a pas laissé de suites, et notamment aucun trouble de la vision. A part cela, sa santé a toujours été bonne jusqu'au moment où il a contracté son chancre.

C'est en 1879, étant au service, qu'il a eu à la verge un chancre syphilitique. Pendant un mois environ, le malade prit de la liqueur de Van Swieten et de l'iodure de potassium. A la suite du chancre, éruption roséolique sur la poitrine, céphalalgie ; mais pas de plaques dans la bouche, pas de chute de

---

(1) Arnozan et Boursier, *Bulletin de la Société d'anatomie et de phys. norm. et path. de Bordeaux.*

(2) Observation publiée dans les *Annales de dermatologie et de syphiligraphie.* Janvier 1886.

cheveux. Un peu plus tard, il eut des syphilides palmaires, et six mois environ après le chancre, il eut un iritis syphilitique de l'œil droit; on lui fit prendre de l'iodure de potassium à la dose de 2 grammes par jour. L'affection guérit, mais depuis ce temps, la pupille droite est restée légèrement dilatée, et la vue plus faible à droite qu'à gauche. A peu près à cette époque, il a commencé à éprouver des douleurs dans les membres supérieurs, douleurs en éclair parcourant rapidement toute la longueur du membre sans se localiser en un point. Quelques mois plus tard, des douleurs semblables sont apparues dans les membres inférieurs. Mais, jamais, il n'en a éprouvé au tronc.

Ces douleurs sont restées à peu près les mêmes jusqu'à ces derniers temps; cependant, maintenant, au lieu d'être toujours rapides et passagères, elles se fixent parfois en un point durant un jour ou deux, soit à la cuisse, soit au niveau d'un orteil, etc., etc.

Depuis plus d'une année, il éprouve des étourdissements très légers, n'allant jamais jusqu'à la chute, et survenant surtout dans les mouvements brusques de la tête, principalement quand il la baisse ou la relève brusquement.

En outre, il a lui-même remarqué que ses forces baissaient sensiblement, aussi bien dans les bras que dans les jambes; et, quoique n'éprouvant aucune gêne de la marche, il reconnaît qu'il serait incapable actuellement de fournir, sous ce rapport, le même travail qu'autrefois. Ses forces viriles aussi ont beaucoup diminué; il désire moins et peut moins; mais il n'a jamais éprouvé d'éjaculations involontaires ou trop précipitées; jamais de pollutions nocturnes inconscientes. Depuis un an environ, il a commencé à observer quelques troubles de la miction, consistant en évacuation involontaire de quelques gouttes d'urine, soit après un apport, soit sans cause, au milieu de la journée. Mais pas de retard de la miction, pas de douleurs en urinant.

Depuis le même temps, constipation habituelle. Il affirme ne pas boire depuis longtemps plus de deux litres de vin par jour. Il a cependant d'habitude un sommeil assez agité et éprouve quelquefois des pituites matinales.

C'est l'an dernier, à peu près à pareille époque, que, pour la première fois, il aperçut de petites crevasses à l'extrémité terminale de la face palmaire des doigts des deux mains. Ces lésions n'ont cessé de s'accroître tant qu'il a continué son travail (il lavait des voitures), au point de former de petites plaies situées à la pulpe des doigts et dans les sillons des phalanges. Il dut alors interrompre son travail pendant deux mois, sans suivre pourtant aucun traitement. De cette première attaque, il reste un certain nombre de cicatrices et de déformations des extrémités osseuses. Il reprit son travail il y a sept mois, et, peu après, de nouvelles crevasses se montrèrent dans le sillon palmodigital droit, en même temps qu'apparurent des plaques rouges sur l'avant-bras droit. Celles-ci ont duré six semaines environ. Il dut se reposer de nouveau pour laisser cicatriser ses plaies, et il y a un mois seulement qu'il a recommencé à laver des voitures.

Cinq ou six jours après, sont apparues, au niveau des extrémités digitales, des ampoules blanches qui ont crevé pour laisser à leur place des ulcérations que l'on voit aujourd'hui.

C'est seulement dans ces quinze derniers jours qu'il s'est aperçu de l'insensibilité de ses doigts, mais, depuis six semaines, il y ressentait presque constamment des fourmillements.

État actuel. — C'est aux membres supérieurs, et particulièrement aux mains, que se rencontrent aujourd'hui les lésions les plus intéressantes. — Elles consistent en des ulcérations multiples rappelant absolument par leur aspect celles du mal perforant plantaire, et coïncidant avec des déformations osseuses et des troubles de sensibilité qui achèvent de les caractériser comme troubles essentiellement trophiques ; les ulcérations prédominent à la main droite. L'épiderme est notablement épaissi dans la paume de la main, sans fissures ni plaies. — On trouve seulement à l'union de la paume avec les phalanges, au niveau de l'annulaire et du médius, un épaississement corné qui a la trace d'une fissure fermée depuis trois semaines environ. — Au pouce, à la pulpe digitale, sont deux ulcérations arrondies, l'une d'environ un centimètre de diamètre, l'autre de trois ou quatre millimètres, toutes deux nettement limitées par un rebord d'épiderme épaissi, coupé à pic et à demi décollé. — Le fond des ulcérations est inégal, mamelonné, rouge, sécrétant un liquide séro-purulent, peu abondant. — Sur la face dorsale du même doigt, il y a une légère desquammation épidermique et trois ou quatre crevasses dirigées transversalement, suivant les plis de la peau, à bords formés par un épiderme épais ; pas d'altérations de l'ongle. La pulpe de l'index, du médius et de l'annulaire présente de même une ulcération arrondie ou elliptique, semblable à celle du pouce, à fond rouge inégal entouré d'un rebord épidermique nettement découpé. En outre, à l'index, se trouve une autre ulcération plus petite, située sous l'extrémité terminale de l'ongle, qui cependant paraît peu altérée; et à la face dorsale de la phalangine du médius, deux petites ulcérations transversales.

L'auriculaire ne présente pas d'ulcérations actuelles, mais celles qui s'y sont produites il y a un an ont notablement déformé l'extrémité de ce doigt. La dernière phalange est immobilisée et recourbée à angle droit vers la paume de la main, par une cicatrice située au niveau de la pulpe. En outre, cette phalange est considérablement raccourcie, elle est plus courte de moitié au moins que celle du doigt correspondant de l'autre main, comme écrasée, atrophiée dans sa longueur et épaissie transversalement. L'ongle, plus altéré, est également beaucoup plus petit que celui de l'auriculaire gauche. Cette lésion osseuse, comme celle que nous trouverons à l'index gauche, paraît due à un trouble trophique spontané : car il n'y a eu à ses doigts qu'une ulcération cutanée, sans que celle-ci se soit étendue jusqu'à l'os, ni qu'il y ait eu élimination de fragments osseux nécrosés.

La main droite et les doigts sont, en outre, légèrement tuméfiés. De plus, on trouve sur la face dorsale de la main droite une grande plaque érythémateuse, couvrant presque toute sa surface, au niveau de laquelle la peau, d'un rouge légèrement violacé, est épaissie et présente une desquammation furfuracée : des plaques semblables se rencontrent également au poignet, qu'elles entourent presque complètement sur les faces antérieure et postérieure de l'avant-bras correspondant. Toutes ces plaques présentent les mêmes caractères et sont, comme celle de la main, apparues depuis une dizaine de jours. Elles ne sont pas prurigineuses, et la sensibilité n'est aucunement modifiée à ce niveau. Il n'en est pas de même aux doigts. Tandis, en effet, qu'à la paume et au dos de la main la sensibilité est à peu près normale, elle a presque entièrement disparu dans les quatre premiers doigts, où les piqûres les plus fortes sont à peine perçues, comme sensation de contact, sans aucune douleur. Ces ulcérations mêmes sont absolument insensibles. Au niveau de l'auriculaire, la piqûre est sentie, mais à peine douloureuse. A gauche, les lésions sont moins accentuées.

La pulpe du pouce présente une grande ulcération ovalaire, de la dimension d'une pièce de un franc et semblable à celles précédemment décrites.

L'index, à son extrémité terminale, est très déformé. La troisième phalange est raccourcie d'un tiers environ et légèrement fléchie ; elle est, en outre, très notamment épaissie transversalement, ainsi que l'extrémité correspondante de la deuxième phalange.

Il s'est produit là, comme à l'auriculaire gauche, une altération osseuse qui donne au doigt l'apparence d'une baguette de tambour. Du reste, ce doigt, lors de la première attaque du mal, était le siège, à son extrémité, d'une ulcération dont il reste une trace cicatricielle sous le rebord de l'ongle, lequel est épaissi et feuilleté à son rebord libre. Sur le même doigt se trouve, à la face interne, une fissure ulcérée au niveau de l'articulation de la première avec la deuxième phalange.

Le médius porte également à son extrémité la cicatrice d'une ulcération qui a assez profondément altéré l'ongle. Celui-ci est strié longitudinalement, déformé à son bord libre, qui est en partie inséré dans la peau ; — au niveau de l'annulaire, cicatrice de la pulpe et légère altération de l'ongle : autre cicatrice dans le sillon de flexion et l'articulation des deux dernières phalanges.

Cette Observation est intéressante à plus d'un titre : d'abord, elle se présente sur un sujet envahi par une syphilis qui ne lui a pas donné de trêve, malgré un traitement assidu. En outre, la profession du malade (il frotte des voitures), la situation des ulcères à la face palmaire, où se développent souvent des durillons par le travail forcé, la similitude des tissus au sein desquels la lésion s'est installée, l'augmentation de l'ulcère par le travail, sa rétrogradation par le repos, les déformations unguéales, le raccourcissement et l'épaississement de certaines phalanges sont autant de points de rapprochement intéressants à établir entre les ulcères perforants palmaires et les ulcères perforants plantaires.

Le 11 mars 1885, Terrillon (1) présenta à la Société de chirurgie un malade tabétique, atteint de mal perforant palmaire, affection qu'il croyait n'avoir pas encore été signalée.

Poncet (2) dit avoir indiqué ce mal en 1864.

D'autre part, Trélat (3), en 1883, a attiré l'attention de ses élèves sur des troubles trophiques coïncidant avec les lésions normales du mal perforant et caractérisées par des ulcérations situées sur la partie inférieure de la jambe, sur la face dorsale des pieds et de la paume des mains. Il a été conduit à faire dépendre ces lésions multiples d'une affection du système nerveux central, et à les considérer comme des maux perforants d'origine tabétique.

Enfin, il est juste de dire que Rabaine (4), interne des hôpitaux, a présenté à la Société d'anatomie et de physiologie de Bordeaux, dans sa séance du 22 juillet 1884, une observation très détaillée de maux perforants palmaires, observation que nous regrettons de ne pas pouvoir reproduire.

CONCLUSIONS

1° Le mal perforant n'est pas un; bien qu'en apparence l'aspect du mal perforant, sa marche, son évolution, soient semblables, son étiologie est multiple.

2° Il importe de distinguer trois théories différentes; ce sont les trois théories classiques : théorie mécanique, théorie nerveuse, théorie mixte.

(1) Terrillon, *Bul. Soc. chir.*, 10 juin 1885.
(2) Poncet, *Mém. de méd. mil.*, T. XII, 1864.
(3) Trélat, *Cliniques de l'hôpital Necker*.
(4) Rabaine, *Bul. de la Soc. d'anat. et de phys. de Bordeaux*, 1884.

3° Sans doute, chacune de ces théories est vraie, prise séparément; mais l'essentiel est de ne pas admettre que chacune d'elles est capable d'expliquer tous les cas.

4° Dans la production du mal perforant, la cause mécanique et la cause nerveuse peuvent se combiner; mais chacune, prise à part, est capable de produire cette affection.

5° Nous insistons tout particulièrement sur cette donnée, à savoir qu'il ne faut pas toujours considérer les lésions nerveuses, même étendues, constatées à l'autopsie, comme cause du mal perforant. Au lieu d'être la cause du mal perforant, ces lésions peuvent en être la conséquence : notre observation unique, mais d'une extrême netteté, prouve clairement que les lésions nerveuses peuvent être consécutives. Les travaux de Michaud et de quelques autres auteurs le démontrent aussi.

6° Par conséquent, *la pression exagérée sur la plante du pied peut être à la fois la cause de l'ulcération et la raison d'être de la névrite qui l'accompagne presque forcément, lorsque l'affection présente une durée suffisante.*

7° Outre les causes efficientes du mal perforant, certains états généraux ou diathésiques peuvent favoriser l'apparition de cette affection. Tels sont : le diabète, l'alcoolisme, la syphilis.

www.ingramcontent.com/pod-product-compliance
Lightning Source LLC
LaVergne TN
LVHW051506090426
835512LV00010B/2376